U0916325

# 宴道

## 中国式宴请全攻略

郑建斌◎编著

中国纺织出版社

## 内 容 提 要

宴请是职场和社交中的一门学问，成功的宴请体现礼仪、魅力、修养、谋略等。本书全面总结和详细讲解了请客吃饭过程中的礼仪、规则、技巧和注意事项。举例剖析请客吃饭过程中经常遇到的重要问题及处理方法，让你在餐桌上尽显绅士风度和淑女仪范，在觥筹交错间展现风采、结交贵人，搞定生意。

**图书在版编目（CIP）数据**

宴道：中国式宴请全攻略 / 郑建斌编著. —北京：中国纺织出版社，2009.1（2024.2 重印）

ISBN 978-7-5064-5308-0

Ⅰ. 宴… Ⅱ. 郑… Ⅲ. 宴会—礼仪—基础知识 Ⅳ. K891. 26

中国版本图书馆CIP数据核字(2008)第147253号

---

责任编辑：曲小月　闫　星　　责任编辑：林少波

特约编辑：冯晓玲　　责任印制：周　强

---

中国纺织出版社出版发行

地址：北京市东直门南大街6号　邮政编码：100027

销售电话：010—64168110　传真：010—64168231

http://www.c-textilep. com

E-mail：faxing@c-textilep. com

德富泰（唐山）印务有限公司印刷　各地新华书店经销

2009年1月第1版　2024年2月第2次印刷

开本：710×1000　1/16　印张：17.5

字数：189千字　定价：58.00元

---

# 前言

现代社会，随着商业和市场经济的繁荣，私人交往和公务交往都很普遍和频繁，而宴请又是其中一种极重要的形式。在很多场合下，人们不仅仅注重吃的内容，更注重吃的形式。经过长期的积累，不同地域、不同民族形成了形形色色的宴请程序和礼仪。

讲究宴请礼仪是文明人必备的基本素质，也是其事业能够获得成功的重要条件。成功商务人士的一项重要特质，就是在商务交际中具有运筹帷幄的能力。越来越多的公务、商务人士认为，餐桌是一个绝佳的交流平台，相信以餐会或酒会来款待同行、政界要人、名人及重要客户是个好方法。宴会上，食物留存在口齿间的美妙感觉会使人情绪愉悦、放松。轻松自在的宴会上，众人推杯换盏之际，人与人的距离和隔阂神奇地消失，平日谈不妥的事也可能在此刻迎刃而解。即使是简单的一顿餐食，有时也能收到事半功倍的效果。

中餐菜肴品种丰富，烹调复杂，样式精美，是商务宴请时的首选。在商务宴会中，以中餐款待宾客，有很多不同于日常的礼仪需要遵守，如席位安排、点菜顺序、餐具使用等。而想要安排一顿宾主满意的饭餐，吃得既美味又舒适，并非易事。在整个宴请过程中，一些人们经常会犯的看似微不足道的细小错误，也有可能成为你商务交际中的“败笔”。这些看似小小的缺点会使人对你的智慧和能力产生怀疑，任何人想要培养个人魅力，都应该远离这些错误。因此，在社会交往和现实生活中，通晓宴请礼仪，提高社交礼仪的能力和加强社交礼仪修养，是大有裨益的。

宴请好比开展一项公关活动，需要精心做好准备，考虑到各种因素，比如宾客的级别、风俗、喜好等。合理策划，可以令宴请锦上添花。本书针对以上种种因素，对宴请的形式、宴请的对象、订餐的技巧、赴宴的着装、点菜、敬酒、席间交谈、酒词助兴等做了全面、详细的介绍，并有针对性地分析、解答了请客吃饭中经常遇到的各种难题。精心设计、自成体系的宴请待客之道，能使你在宴席中占据主动，从而带动事业取得更大成功。

无论是设宴请客还是应邀赴宴，“为宴之道”似乎应该是每个人的必备常识。为了提高工作效率，各界人士除了“能吃能喝”之外，更重要的是要将自己淬炼成在交际应酬中“会吃会喝”、长袖善舞的应酬高手！

编著者

# 目录

## 第八章　频频举杯：敬酒是一种艺术



## 第九章　挡酒技巧：成为酒桌上的长清客



## 第十章　席间交谈：做个最会说话的人

## 第十一章 酒词助兴:让宴请活动有声有色



## 第十二章 中餐就餐礼仪与注意事项

## 第十三章　西餐就餐礼仪与注意事项



## 第十四章　餐桌上的各种禁忌



## 附录　中国名菜及名酒

## 第一章

# 宴请是重要的生存本领和交际方式

宴请是人们交往中最常见的交际形式，它是广交朋友、建立联系的媒介，也是了解情况、解决问题的场所。宴请的类型很多，而不同的宴请，在菜肴、人数、时间、着装等方面又有许多不同的要求。具体采用哪一种形式，应根据邀请对象、活动目的及经费开支等多种因素而定。

## 宴请学问助你社交成功

在当今社会，由于大众传播媒体的发达，各种信息的传播空前迅速。尽管如此，餐桌上的信息沟通仍具有大众媒体所不能替代的作用，而且餐桌上沟通的信息往往更生动，给人的印象更深刻，更富有启发性。可以说，请人吃饭是中国最常见而普遍的交际方式，上至京城都市，下至穷乡僻壤，有时，除了吃饭，好像找不到第二种更好的交际方式。拒绝吃饭邀请，如无正当理由，会被认为很无礼，邀请者也会觉得你很不给面子。对于有些工作来说，甚至很多重要的事情并不是在办公室解决，而是在饭桌上敲定的。

愈来愈多的公务、商务人士相信，餐桌是一个绝佳的交流平台。宴会上，陌生人可以由不熟悉变得熟悉，一直心怀戒备的人之间也可以变为知己。即使是简单的一餐，有时也能收到事半功倍的效果。但是，在整个宴请过程中，如果有一个细节出现问题，也有可能会使这种请客吃饭的好事变成坏事，甚至造成客户流失、被人小看、领导不满、职位不保等后果。

例如，一天，某公司老总准备宴请新员工，让秘书杨小姐去酒店预订包房并点菜。杨小姐到了酒店，面对服务员递上来的菜谱眼花缭乱，不知点什么菜好。点太好的菜，担心老总说太浪费；点一般的菜吧，又怕老总说“小家子气”。最后，只是按服务员的推荐点了一桌菜，结果因搭配不当，许多菜竟无人动筷子，以致造成了很大的浪费。饭后，老总对杨小姐十分不满。

再如，大学毕业的吴先生到一家单位找工作，该单位通过技能考察后，决定让他试用2个月。试用期的第一天中午，老板请一个重要客户吃饭，由吴先生作陪。宴席结束后回到办公室，老板对他说：“明天你不用来了，你不符合我们的要求。”老板指出他吃饭时响声太大，而且不懂自我修饰，实在有损公司形象。吴先生怎么也没想到，用人单位竟会以吃相不雅为由“炒”掉自己。

宴请的确是交往中促进人际关系发展的重要手段。请客吃饭不仅能够快速缩短宾主之间的距离，消除双方的误解摩擦，而且可以扩大视野和交际圈子，还能展示一个人的素质和才华。据报载，目前一些大型私营企业集团招聘员工时，甚至将“看吃相”作为一种辅助面试手段，把“看吃相”时掌握的信息，与业务经验考察等要素结合起来，综合分析一个人的能力。

在社交活动中，人们常常根据对方的外貌、举止、谈吐、服饰和应对进退等表面特征对其做出初步评价，即据此形成的第一印象。这种人际认知的第一印象虽然具有表面性和片面性，但一旦形成则往往使人产生某种心理定势，对人际交往的成败和人际关系融洽与否起着重要作用。

年轻漂亮的苗小姐在热心人的操持下开始和男士约会。第一次约会他们谈得很愉快，买单的时候，男士很爽快地把钱付了。第二次约会时，还是苗小姐点菜，可结账时，苗小姐还没来得及开口，那位男士又把账结了。让苗小姐没想到的是，两天后，男方的介绍人转弯抹角地说了一大堆他不适合她的理由。最后，她听出来了，是男方嫌她太会花钱，太不体谅男士。有了第一次教训，当苗小姐遇到第二个合眼缘的男士时，不管去哪里，去干什么，每次她都抢着买单。可在交往了一个多月后，她收到了男士发来的信息：“虽然我的收入没有你高，但你也不用这样不给我面子，我觉得你太主观，和你在一起有压力。我们分手吧。”

可见，想要安排一顿宾主满意的饭菜，吃得既美味又舒适，并非易事。在整个宴请过程中，一些人们经常会犯的细小错误却有可能成为你交际中的“败笔”，因为，这些看似微不足道的缺点会使人对你的智慧和能力产生怀疑。所以，任何人想要培养个人魅力，都应该远离这些“错误”。实际生活中，我们有时是以个人身份去赴宴，此时表现的纯粹是个人形象；有时则是代表组织或单位去赴宴，此时个人代表的则是组织或单位的形象；而有时一个人的言谈举止还会被外界视为一个民族、一个国家的形象，你的言谈举止决定着他国人士对你的国家的评价。

因此，在社会交往和现实生活中，通晓宴请礼仪，提高社交礼仪的能力和加强社交礼仪修养，是大有裨益的。宴请好比开展一项公关活动，是要精心设计和做好准备的，要考虑到方方面面，比如宾客的级别、风俗、喜好等。合理策划，会令宴请锦上添花，更能使你在宴席之中占据主动，从而带动事业取得更大成功。

## 公务宴请的最高规格——国宴

国宴是一国元首或政府首脑为国家重大庆典或为外国元首、政府首脑到访而举行的正式宴请活动，是接待规格最高、礼仪最隆重的一种宴请形式。当然，接待规格最高并非指宴席的价格档次最高，而是指参加宴席的人员其公职身份、地位最高，因为国宴由国家元首或政府首脑主持，被宴请的对象主要是其他国家元首或政府首脑，同时可能还有其他高级领导人和社会名流出席作陪。国宴属于公务宴席的范畴，是一种特殊的公务宴席，它是公务宴席的最高级形式。国宴一般有以下一些基本特征：

**1.规格高，政治性强**

国宴是具有一定文化背景、规格标准较高、由完整套餐菜点组成的正式招待宴会。由于主持人和被宴请者分别代表不同的国家，从而使宴会有较浓厚的政治气氛，因此国宴的礼仪礼节和整体设计既要体现主办国的民族自尊、自信、自强和热情好客，又要体现国家与民族之间平等尊重、友好合作的时代主题。

**2.礼仪特殊而隆重**

国宴是一种极为重要的外交手段，体现一个国家的面貌和整体气势。所以国宴的礼仪要求严格，接待安排细致周密，无论是出席宴会的宾客和主持人，还是负责接待的宴会工作人员，都必须以庄重、得体的仪态出现在宴会上。

**3.宴会场所特殊**

国宴多在国家会堂、国宾馆或高级饭店举行。宴会环境高贵典雅，气氛热烈庄重。举行国宴，从环境布置、宴席音乐到赴宴人员和服务人员的装束、言谈举止都必须显示出热烈、庄严的气氛。如宴会厅内高悬国旗，有正规管乐队或军乐队演奏双方国歌、迎宾曲或热烈欢快的民族乐曲等。

**4.菜品具有民族特色**

国宴的菜品设计既要体现本国特色和本民族特色，又要考虑宾客的宗教信仰和风俗习惯。如1970年4月，周恩来总理访问朝鲜时，金日成主席设"全狗午宴"款待，全席的冷盘和热菜均出自一个"狗"字：狗头肉、狗蹄子、狗下水、狗血肠、红烧狗肉、清炖狗肉、狗肉汤，每道菜香而不腻，美味可口。朝鲜泡菜举世闻名，酸、辣、香、脆，风味独特，更是盛大国宴不能缺少的。

国宴举行的时间一般是在中午或晚上，由负责外交事务的部门和人员负责安排和组织宴席的接待工作，国家元首或政府首脑亲自主持，座次按照礼宾次序排列。

按照不同的分类方式，当今国宴有欢迎宴、送别宴、午宴、晚宴、国庆招待会、新年招待会、冷餐酒会等，规格与人数灵活掌握，分别在不同地点举行，适用于不同的对象。

# 中餐宴请和西餐宴请各有特色

按宴请的菜式，宴请可分为中餐宴请和西餐宴请。

**1.中餐宴请**

是指宴请时的菜点、饮品以中式菜品和中国酒水为主，使用中国餐具，并按中式服务程序和礼仪服务。中餐宴请传达了中华民族的传统文化气息，其就餐环境与气氛亦凸显浓郁的民族特色，是我国目前最为常见的宴请方式。其基本特点如下：

⑴宴席菜点以传统菜肴为主，同时兼顾地方风味，酒水质量要求高。

⑵餐具、用品、就餐环境、台面设计、就餐气氛及其他附属设施能反映中华民族传统饮食文化，如最具代表性的餐具是筷子，餐桌为圆桌等。

⑶中餐宴席通常包括冷菜、正菜(或称热菜，包括热炒菜、大菜、素菜、甜菜和汤菜)、点心、随饭菜、水果等五大品种，有的还配有冷饮。

⑷中餐宴席适应面广，既适用于礼遇规格高、隆重的高层次接待，又适用于一般的民间聚会。

**2.西餐宴请**

西餐宴请是指宴请时的菜点饮品以西式菜品和西洋酒水为主，使用西餐餐具，并按西式服务程序和礼仪服务。目前，用西餐宴请宾客在我国的涉外酒店与餐厅较为流行。其基本特点如下：

⑴宴席菜点以欧美菜式为主，饮品为西洋酒水。西餐酒类较多，饮不同的酒选用不同的酒具，并与不同的菜肴相搭配。

⑵宴席餐具、用品、厅堂风格、环境布局、台面设计、伴餐音乐等均突出

西洋格调，如使用刀、叉等西式餐具，餐桌为长方形等。

(3) 西餐采用分食制，就餐者各点各的菜，想吃什么点什么。上菜后，人各一盘，各吃各的，各自随意添加调料，一道菜吃完后再吃第二道菜，前后两道菜绝不混吃。

(4) 西餐宴席菜肴通常包括开胃品、汤、主菜、甜食等几大类。西餐的上菜顺序与中餐不同，以冰水、开胃菜、汤、海鲜、肉食、主菜、甜食、水果、咖啡、红茶为先后顺序。

(5) 西餐宴席形式多样，根据菜式与服务方式的不同，可分为法式宴席、俄式宴席、英式宴席和美式宴席等。随着日、韩菜式的兴起，日、韩式宴席在我国亦被纳入西式宴席的范畴。

按时间不同，宴请可分为早宴、午宴和晚宴。

**1.早宴**

早宴是一种简便的宴请方式，有时有某种特定的目的，如募捐、赞助慈善事业等；也有领导人会见知名人士，共进早餐。

**2.午宴**

午宴的正式程度不如晚宴。但有时因日程安排较紧，也有在午间举行正式宴请的。一般的工作餐多在午间进行。还有聚餐会，参加者自己付费，亦多在午间举行。

**3.晚宴**

正式晚宴一般要排好座次，在请柬上注明着装要求，有席间致辞或祝酒，有时亦有席间娱乐。有的晚宴其隆重、正式的程度稍减，而采取比较简便的形式，或称“便宴”。这种宴会适用于亲朋好友之间的交往，气氛亲切、友好，有的在家里举行，时间可略提前；服装可以是非正式的；席位可排也可不排；可即席致简短祝酒词，也可不讲话；餐具、布置等亦可不必过分讲究。但这仍有别于一般家庭晚餐，仍应注意遵守宴会的礼节和程序。

## 商务宴请和私人宴请的区别

根据宴请的性质和主题，通常可以将宴请分为商务宴请和私人宴请两类。

**1.商务宴请**

商务宴请主要是指各类企业和营利性机构或组织为了一定的商务目的而举行的宴请活动。商务宴请是一种带有浓重商务色彩的社交活动，商务宴请比一般家宴和朋友聚餐多了些郑重、隆重的意味。此类宴请系正式宴请活动的一种，与宴者应遵循正式宴请的礼仪要求。

⑴尽量了解对方的偏好和特点，在环境布置、菜品选择上迎合对方的喜好，表现双方的友谊，使商务洽谈在良好的气氛与环境中进行。

⑵商务宴请的目的和性质决定了宴席的程序与普通宴席的程序有所不同。席间宾主往往边吃边谈，因此要控制好上菜节奏。

**2.私人宴请**

私人宴请以个体与个体之间的情感交流为主题。其目的在于表示友好、联络感情、沟通信息等，如庆贺、答谢、送行、接风洗尘、宣传、促销等。这类宴请与商务宴请相比，最主要的区别有两点：一是宴请主题与商务无关，而是私人情感交流；二是主办者和被宴请者均以私人身份出现。人与人之间的情感交流十分复杂，涉及人们日常生活的各个方面，如亲朋相聚、洗尘接风、红白喜事、乔迁之喜、周年志庆、添丁祝寿、逢年过节等，尤其在饮食文化相当发达的中国，宴席已经成为饮食文化的重要表现形式，人们可以各种理由举办宴席，也可通过宴请来表达各自的思想感情和精神寄托。私人宴请的主要类型包括：

(1)婚宴：通常是婚礼的组成部分，是人们在举行婚礼时为宴请前来祝贺的亲朋好友和祝愿婚姻幸福美满而举办的宴席。婚宴的环境布置、台面与餐具用具的选择应突出喜庆吉祥的气氛，如多用红色，因为在我国“红色”有吉祥喜庆之意；主餐桌应更美观，以突出新郎新娘的位子；餐桌之间应有足够的距离，以便于新郎新娘与来宾相互敬酒；同时还要考虑不同地区和民族的风俗习惯。

(2)寿宴：也称生日宴，是人们为纪念出生日和祝愿健康长寿而举办的宴席。寿宴菜品的选择应突出健康长寿之意，如冷菜拼盘用“松鹤延年”，主食配寿桃、寿面等；菜品选择还应以生日者的需要为主；随着中西文化的不断交流，人们在生日宴席上还常常配生日蛋糕，庆祝程序也中西合璧，如点蜡烛、吹蜡烛、唱生日歌等。

(3)迎送宴：是指人们给亲朋好友接风洗尘或欢送话别而举办的宴席。这类宴请要突出热烈、喜庆的气氛，体现主人热情好客以及对宾客的尊敬与重视。

(4)纪念宴：是指人们为了纪念与自己有密切关系的某人、某事或某物而举办的宴席。这类宴请一般要有突出纪念对象的标志，如照片、文字或实物，以烘托出思念缅怀的气氛，餐具、用具的选择亦要表现出怀旧的格调。

(5)节日宴：节日宴是指人们为欢庆法定或民间节日、沟通感情而举行的宴请活动。在节日里，人们有闲暇到餐厅消费，而且也愿意在一年一度的节日多花费，如元旦、春节、中秋节等。

## 招待会的四种类型

招待会指只备一些食物、饮料而不备正餐、不排座次的一种较为自由的宴请形式。其具体形式又可分为冷餐会、鸡尾酒会、自助餐宴会、茶话会等。

**1.冷餐酒会**

冷餐酒会属于自助式宴会，常用于正式的官方活动，如国庆招待会；还常用于庆祝各种节日以及欢迎来访团体。同时，在各种开幕闭幕典礼、文艺演出、体育比赛、国际国内会议前后，往往都要举行各种冷餐会，近年来国际国内各种大型接待活动采用冷餐会的形式日渐普遍。这种宴请形式的特点是：可在室内、室外如正规餐厅或花园里举行；一般不排座位，不设主宾席，亦无固定座位，宾客可自由入座；以冷食为主，亦可配部分热菜，连同餐具陈设在菜桌上，供客人自取；举办时间一般在中午12时至下午2时，或下午5时至晚上7时。

根据主客双方身份、参加人数，冷餐会规格和隆重程度可高可低，规模可大可小。

**2.鸡尾酒会**

这是一种通行的招待方式。酒会以酒水招待为主，略备小吃，如各色面包、小泥肠、三明治等，以牙签取食。酒水和小吃由服务员用托盘端送，也可将食品置于小桌上由客人自取。

所谓鸡尾酒，实际上是一种混合酒，其配方据说至今已有两千多种。现在有的酒会并没有准备鸡尾酒，亦统称鸡尾酒会。其特点如下：酒会一般采用站立形式，不设坐椅，以方便客人随意走动；酒会举行时间较灵活，中午、下午、晚上均可；酒会既可作为大中型中西餐宴席的前奏活动，也可用于记者招待会、新闻发布会、签字仪式等活动。

**3.茶话会**

茶话会是一种更为简便的招待形式。它一般在西方人早、午茶时间(上午10时左右、下午4时左右)举行，地点常设在客厅，厅内设茶几、坐椅，不排席位。如为贵宾举行的茶话会，应有意识地安排主宾与主人坐在一起，其他出席者随意就座。

茶话会的茶具一般用陶瓷器皿而不用玻璃杯，也不能用热水瓶代替茶壶。春、夏、秋季举行茶话会一般用绿茶，冬季举行茶话会用红茶；接待欧美宾客的茶话会用红茶，接待日本及东南亚宾客的茶话会用绿茶。某些接待外国客人的茶会，有时又以咖啡代替茶叶，其组织和安排与茶话会相同。

**4.自助餐宴会**

自助餐宴会是一种方便灵活的宴请形式，现在比较流行。招待会设餐台，大型招待会还可设多处餐台。餐台上陈列各种食品菜肴，并摆放成各种图案，色彩缤纷，甚为好看。餐盘、刀、叉及餐巾、口纸等放置在桌上由客人自取，也可由招待员端送。

自助餐会的特点是：正规的自助餐，不固定用餐者的座次，甚至不为其提供坐椅；多以冷食为主，不上高档菜肴、酒水，可大大节约开支，并避免浪费；各取所需，用餐者对自己偏爱的菜肴只管取用，不必担心会有人嘲笑自己。

就餐人数众多时，自助餐是首选。它不仅可以款待数量较多的来宾，而且可以较好地处理众口难调的问题。

## 简单随意的工作餐

工作餐是指在商务交往中，合作伙伴为了交换信息、联络感情或洽谈生意，借用餐形式所进行的一种商务聚会。工作餐不同于正式的宴会，是一种常用的灵活的商务交际形式，主客双方可边吃边谈。我国现在也开始广泛使用这种形式于外事工作中。工作餐多采用快餐分食形式，既简便、快速，又卫生。工作餐的特点有：

### 1.目的性强

顾名思义，工作餐的目的是工作第一，进餐第二。它所强调的不是形式与档次，而是以餐会友，重在创造出一种有利于商务人员进一步接触的轻松、愉快、融洽、友好的氛围。商务人员讲究的是务实，工作餐自然也是如此。同与亲友之间的会餐相比，工作餐并非无所事事，只是为了让大家碰碰头、谈谈心、联络联络感情，而是以另外一种形式继续进行的商务活动。换言之，它是一种权且以餐桌充当会议桌或谈判桌，改头换面的非正式的商务会谈。

### 2.规模较小

工作餐大都规模较小，它可以是两个人之间的单独约会，也可以是有关各方各派几名代表参加的聚会。工作餐的总人数以不超过10人为宜。与事无关者、配偶、子女等，均不宜到场。

### 3.具有随意性

相对于正式宴会来说，工作餐有一定的随意性。在举行工作餐之前，主人不必向客人发出正式的请柬，客人也不必为此而提前向主人正式答复。一般而言，只要宾主双方感到有必要坐在一起交换一下彼此之间的看法，或是就某些问题进行磋商，大家就可以随时随地举行一次工作餐。

举行工作餐的地点应由主人选定。饭庄、酒楼的雅座，宾馆、俱乐部、康乐中心附设的餐厅，高档的咖啡厅、快餐店等，都可予以考虑。选择时应当兼顾主人的目的与客人的实际情况。

### 4.工作日的午间举行

宴会与会餐大都选在晚上举行，工作餐则不同。为了合理地利用时间，不影响参加者的工作，工作餐通常都被安排在工作日的午间。举行工作餐的具体时间，原则上应当由工作餐的参与者共同协商决定，应当既方便众人，又不耽误正常工作。工作餐的最佳时间通常认为是中午12点钟或下午1点钟左右，每次以一小时左右为宜，至多也不应当超过两小时。

**5.提议者做东**

工作餐多在营业性餐馆里举行，所以其做东者自有特殊之处。根据惯例，无论工作餐举行于何处，哪一方首先提议举行工作餐，即应由哪一方做东。而东道主一方出席工作餐的行政职务最高者，便是理所当然的主人。一般来说，为工作餐所进行的一切准备工作，均应由主人负责。

**6.主人付费或各付其费**

根据常规，工作餐的结算应当由做东者负责，但有时也有例外。工作餐的付费方式通常分为“主人付费”与“各付其费”两种。所谓“主人付费”，指的是在就餐结束后，由做东者负责买单。得体的做法是，做东者应当先与侍者通气，独自前往收款台结账，或是在送别客人之后再来结账。尽量不要让侍者当着客人们的面口头报账，更不能让侍者将账单不明主次地递到客人的手里，以免造成客人的尴尬。所谓“各付其费”，又称“AA制”，它是指就餐结束后，各人支付各自所应支付的费用。在国外，商界人士在共进工作餐时，更多的是以此种方式付费。采用此种付费方式，需要有言在先。

## 宴会的准备工作

宴请的目的是多种多样的。可以表示欢迎、欢送、答谢，也可以表示庆贺、纪念，还可以是为某一事件、某一个人等。明确了目的，才便于安排宴会的范围和形式。

**1.确定邀请的范围和规模**

宴请范围是指邀请哪些方面的人士、请到哪一级别、请多少人、主人一方由谁出面作陪等。宴请范围要兼顾诸如宴请性质、主客身份对等、惯例习俗、双方关系以及当前的政治气候、经济形势等多方面因素。

一般情况下，宴请应有适当声望的人作陪。但要注意，陪客一般不宜是与主客时常见面的人或是与主客同一机构中职位相同的人，也不宜都选属于同一行业的人，因为如有他种行业的人同席，可以增加彼此交谈的兴趣。但为人送行的宴会，一般以请熟人作陪为好。家宴一般也只请彼此相识的人。

为了显示热烈友好的气氛，大型招待会可以适当多邀请一些客人。但也不宜过分扩大邀请范围，否则客人太多招待不过来，效果反而不好。

出席宴会的主人同客人人数的比例要适当，如只有少数几个客人，则不要有一大堆主人出席作陪。

**2.确定宴请时间**

宴请应选择对主客方都合适的时间，若难以兼顾，理所当然应从宾客的方便着想。在时间的选择上，还应避开对方的重大节日、重要活动或有禁忌的日子。如对方是信奉基督教的人士，最好不要选在13号，更不能在星期五的13号；伊斯兰教在斋日内白天禁食，宴请宜在日落后进行。小型宴请应首先征询主宾的意见，主宾同意后，时间即被认为最后确定，然后再按此时间约请其他宾客。

**3.确定宴请地点**

宴请地点的选择要考虑活动的性质、规模大小、形式、主人意愿及实际可能，选定的场所要能容纳全体人员，且环境安静、交通便利。如是官方的隆重的宴请活动，一般应安排在政府的宴会场所或宾客下榻的宾馆内举行。企事业单位的宴请，有条件的可在本单位或附近的饭店、宾馆内进行。民间的宴请，可以在酒店、宾馆，也可以安排在有独特风味菜肴的餐馆。

**4.设计并印制请柬**

请柬应提前1～2星期发出。国际上习惯向夫妇两人发一张请柬，我国则习惯每束一人。

**5.开列并印制菜单**

菜单应每桌2~3份，也可每人一份。开列菜单时主要考虑主宾的口味、嗜好和禁忌，不要以主人的喜好为准，让客人“客随主便”。

**6.排列席位、书写座位卡和桌次卡**

座位卡通常应手写，也可以打印。正式宴会，座位卡应书写出席人姓名全名，非正式宴会可以只写教名。座位卡上的称谓可用“先生”“夫人”“小姐”“首相”“财政大臣”“市长”“公爵”“法官”“上校”等(中尉及其以下军衔者习惯称先生)。

**7.宴会致辞及翻译**

宴会如有正式讲话，通常双方应事先交换讲话稿，且由举办宴会的一方先提供。另外，还应事先谈妥双方的讲话由何人翻译。

**8.宴会现场安排**

除国宴外，不挂国旗，不奏国歌，可视情况安排乐队奏席间乐。

宴会现场要有人照应，桌次卡、座位卡及菜单事先摆在餐桌上。举办大型或正式宴会时，通常应在宴会厅门口放置一张桌次示意图或座位示意图。

宴会使用圆桌时，应在男主人和女主人的座位前分别放置主人卡，以便服务员识别。在客人入席之前，将主人卡撤掉。

## 宴会的现场布置

**1.环境布置**

宴会开始之前，对宴会场地周围环境进行适当的点缀或装饰，会对宴会主题起到一定的烘托作用。点缀的方式有：

⑴ 花草点缀。在餐厅周围(也包括台面)放上几盆鲜花，有时会使整个餐厅春意盎然，生机勃发。

⑵ 字画点缀。字画点缀一是可以装饰墙面；二是增强宴会厅的文化艺术氛围，让顾客得到一种艺术美的享受；三是画龙点睛，烘托宴会主题，如寿宴席的背景墙面挂上一个大“寿”字，婚宴席的背景墙面上挂一个大红“喜”字，都具有极强的渲染力。

⑶ 观赏品点缀。本来字画、花草都是观赏品，这里的观赏品是指一些具有一定艺术价值的古玩、雕刻制品及其他工艺品等。这些观赏品多陈设于高级雅厅。无论采用何种手段点缀，都要注意与餐厅整体美学风格和谐一致，一般宜少而精，素而雅，品性高，如此方可使人心情舒畅，增加食欲。

**2.台型摆设**

中餐宴会使用圆桌台面，餐桌的排列要根据桌数的多少和宴会厅的大小和实际情况安排，如门的朝向、主体墙面位置等。多桌宴会的台型布局要遵循因地制宜、突出主桌、整齐有序、松紧适宜的原则。桌数不同时，台型结构和布局也各不相同，如三桌可摆成“一”字形，也可摆成“品”字形；四桌可摆成菱形，也可摆成正方形(当餐厅为正方形时)；五桌可摆成“立”字形，也可摆成“器”字形；六桌可摆成“金”字形(正方形餐厅)，也可摆成长方形(长方形餐厅)。当桌数更多，如二十多桌时，其台形可摆成“主”字形，主桌单独一排，其他桌摆成方格即可。规模较大的宴会，除主桌以特殊的台面装饰予以突出显示外，其余各桌要编号，号码牌放置在桌上，让客人一进餐厅就能找到自己的台位。客人亦可从门口设置的座位图中了解自己的座位。

中餐宴会台型摆设应注意以下几点：

⑴ 中餐宴会大多数用圆台。餐桌的排列特别强调主桌位置。主桌应放在面向餐厅主门，能够看清全厅的位置。将主宾入席和退席要经过的通

道辟为主行道，主行道应比其他行道宽敞些。其他餐台坐椅的摆法、背向要以主桌为准。

(2)中餐宴会不仅强调突出主桌的位置，还非常注意其装饰，主桌的台布、餐椅、餐具、花草等，都应与其他餐桌有所不同。

(3)要有针对性地选择台面。通常直径为150厘米的圆桌，每桌可坐8人左右；直径为180厘米的圆桌，每桌可坐10人左右；直径为200~220厘米的圆桌，可坐12~14人；若主桌人数较多，可安放特大圆台，坐20人左右。直径超过180厘米的圆台应摆放转台；不宜放转台的特大圆台，可在桌中间摆设鲜花。

(4)摆餐椅时要留出服务员分菜位，其他餐位距离一样。若设服务台分菜的，应在第一主宾右边、第一与第二客人之间留出上菜位。

(5)重要宴席或高级宴席要设分菜服务台。分菜在服务台上进行，然后发送给客人。

(6)餐桌排列按餐厅的形状和大小及进餐人数的多少来安排。桌与桌之间的距离以方便穿行、上菜、斟酒、换盘为宜。通常桌与桌之间的距离不少于2米。整个宴会餐桌的布局要求整齐划一，做到桌布一条线、桌腿一条线、花瓶一条线。

## 现代宴席专门术语

请客吃饭，应当对现代宴席的专门术语有所了解。

(1)彩盘：又称中盘、主盆，它是大型工艺冷菜，用以增添宴席气氛，显示烹调技艺。彩盘一般都配上围碟。

⑵单碟：宴席中用来盛装除彩盘以外的冷菜的碟子，一碟只装一个菜品，荤素均可。如果宴席冷菜中有主盘，则单碟就称《围碟》。单碟的数量由宴席价格档次来定，可以是奇数，也可以是偶数。

⑶对镶碟：它是区别于单碟的碟子，即一个盘子中有两种不同的冷菜。传统宴席中一般是一荤一素，多用条盘盛装。要求盘内两种菜肴在味别、色泽、造型上等互相和谐，分量相当。用三种不同冷菜摆放的称为“三镶碟”，依此类推。

⑷四七寸碟：是指用四个七寸碟子盛装的不同冷菜。其他如五七寸碟、九七寸碟、十二五寸碟、十三五寸碟意义与此相同。

⑸热菜：热菜在整个宴席饮食品中所占比例最重，无论是成本价格、工艺质量还是菜品数量，在宴席食品中均占有举足轻重的地位，而且也最能体现宴席的档次、质量和风格特色。传统宴席格局中，热菜一般分为热炒菜(或小炒菜、爆炒菜)、正菜、汤菜。但现代宴席格局中，热炒菜与正菜、汤菜的区别已逐渐淡化，因而热菜包括正菜和汤菜。

⑹正菜：也称主菜、大菜、柱子菜，是宴席热菜的主体，现代宴席中通常指除汤菜以外的各式热菜。

⑺头菜：指正菜中第一道上席的热菜。传统宴席中，宴席的名称可由头菜的主料来命名，如头菜是“红烧鱼翅”，就可称为鱼翅席，而且头菜的档次决定着宴席的等级标准。

⑻素菜：一般是用笋、菌以及时鲜蔬菜为主料，经炒、烧、扒或烩等方法烹制而成的正菜，主要起清口解腻、平衡营养的作用。在以粤菜菜系为代表的南方地区宴席中，素菜通常是最后一道热菜。

⑼甜菜：正菜中的一道甜味菜。在川菜、淮扬菜等菜系的传统宴席中，甜菜一般是上在座汤之前，标志着正菜即将上完。在现代宴席中，甜菜有时又放在座汤之后，作为最后一道热菜。

(10)汤菜：汤菜是宴席上不可缺少的重要菜式之一。在川菜、淮扬菜系中，宴席汤菜一般是最后一道热菜，此时的汤菜称“座汤”。有时会在一些烤炸菜后上清汤菜，此时的清汤菜又称为“二汤菜”。为了让汤味不重复，中餐“二汤菜”一般用清汤，座汤用奶汤。在以粤菜为代表的南方地区宴席上，汤菜常常在冷菜之后作为第一道热菜上席，有时又称其为“例汤”，类似于西餐中的浓汤。

(11)席点与小吃：席点一般是配着正菜上的点心，穿插于宴席之中。在味道的配合中，讲究“咸点”与咸味菜相配，“甜点”与甜味菜相配；在材质的配合上，汤菜宜配饺，烤炸菜宜配饼，甜羹菜宜配糕；在与季节的配合上，夏秋宜配羹糕，冬春宜配饼酥货。小吃是宴席冷、热菜上完之后跟上的小食品，主要以地方风味的名特小吃为主。现代宴席中，常常用席点与小吃代替主食，丰富宴席内容。

(12)主食：主要是指宴席冷热菜结束后上的饭食，如米饭、面条或粥等。

(13)随饭菜：是在传统宴席饮酒完毕后，供客人吃主食(尤指米饭)时用的菜。现代宴席丰富了冷菜品种与小吃点心，所以一般中高级宴席都取消了随饭菜。为了解腻醒酒，普通宴席如果不配小吃与席点，也可配上2～4道随饭菜。

(14)水果：是宴席最后上的食品，即宴席饮食内容结束的标志，目前多为水果拼盘。

## 第二章

# 摸清门路：分清宴请的对象

“青菜萝卜，各有所爱。”在请客之前弄清客人的饮食习惯和饮食特点，才能做到有的放矢。对他们愈了解，就愈能抓住他们的胃口，达到你的目的。宴请对象的身份、职位有别，品位也有高低之分。如蓝领阶层以工人为主，在食物的选取上，他们要求饱食一顿，才有体力工作，白领阶层以经营者或管理者为主，在选取食物时，特别注重口感。宴请虽然是一副调节人际关系的良药，但假如对象有别，也需要选择相应的策略。

# 男女老幼的饮食差别

### 1.男女饮食区别

不同的性别会产生不同的饮食消费心理及行为，这些是由两性在记忆、思维、情绪、个性等心理方面存在的差异决定的。比如，在点菜行为上，男性一般较粗略迅速，对食物的奇特性、古怪性往往要求较高，而且男性一般都有个人的某个特殊嗜好；女性点菜时往往选择多，挑选细，反复咨询，占用时间长，具有较强的求全心理。在分量上，男性比女性的食量大，胃口佳。在口味上，男性一般喜欢富含脂肪、蛋白质及碳水化合物的食物；女性则一般喜欢清淡的菜，素食蔬果尤佳。在需求上，男性顾客重"量"，女性顾客重"质"，对环境较为敏感，重视服务细节。

### 2.老幼饮食区别

不同年龄的人，赴宴的欲望和心理有着明显的差异。一般来说，年纪较长者讲究食物的营养卫生，能节制不良的饮食习惯，特别强调养生之道；而青年人全凭个人喜好，无节制地吃喝。

⑴少年儿童的饮食特点：低龄儿童对食物的注意和兴趣一般受食物的外观因素影响，如食物的图案、包装、色彩、造型等。少年儿童对食物的认识带有很大的模糊性，他们往往以"好看""我想要"等情绪因素为主，凭直观感觉来决定饮食消费。随着年龄的增长，尤其进入初中以后，他们开始对食物的品牌、知名度、风味和流行等表现出关心和兴趣，对食物认识的直观性、模糊性开始下降。

⑵青年人的饮食特点：青年是人生中从少年向中年过渡的阶段。一般

来讲，处于18～35岁这一年龄段的人往往是新食物、新的饮食消费行为的追求者、尝试者和推广者。在饮食消费时的表现是反应灵敏、决定果断，在认为合意、值得的心理支配下，感情的作用超过计划，特别是在对一些新潮、时尚、紧俏等食物的购买上，冲动性购买多于计划性消费的特点更为明显。

⑶中年人的饮食特点

中年人注意食物的实用性，不像青年人那样更多地追求时尚。他们往往对食物的实用性及价格给予更多的关注，计划性强，具有较强的求实心理和节俭心理。

⑷老年人的饮食特点：老年人一般指男性60岁以上、女性55岁以上的人。他们要求吃松软易消化、富有营养的食物，他们最为关心的是延年益寿、身体健康和晚年生活丰富。由于感知能力的衰退和体力不足，在饮食活动中希望得到更多的关怀和照顾。请老年人吃饭最好选择老字号饭店，点传统的名菜、名点和名酒，以满足老年人的饮食心理需求，同时也能唤起他们对过去岁月的回忆，使其感到亲切、自然。

## 不同地区的饮食特点

### 1.华东地区居民的饮食特点

华东地区位于我国东南部，主要包括上海市、浙江省、江苏省、安徽省、江西省、福建省、台湾省等。该地区人们以大米为主食，偶食面粉，杂粮很少。一日三餐，有荤有素，干稀调配。口味大多清淡，微甜，一般少吃或不吃辣椒、大葱、生蒜和老醋；有生食、冷食之古风，炝虾、醉蟹、生鱼片都受欢迎。家庭饭菜丰俭视经济状况而定，一般是菜、汤、主食结合。

### 2.华南地区居民的饮食特点

华南地区主要包括广东、广西、海南及港澳地区。该地区居民几乎不忌嘴，食性普遍偏杂。在膳食结构中，每天必食新鲜蔬菜；水产品所占比重较高，尤为喜爱淡水鱼品和生猛海鲜；饮食开支大，烹调审美能力亦强。由于习惯早起晚睡、午眠和生活节奏紧张，不少人有喝早茶与吃夜宵的习惯。在这一地区，“吃”具有比较丰富的社会意义，是人们调剂生活、社会交际的重要媒介。它不仅体现人与人之间的情感，有时还是身份、地位、财富的象征，故尚食之风甲于全国。

### 3.华北地区居民的饮食特点

华北地区位于我国的中北部，包括北京市、天津市、河北省、山东省、山西省、内蒙古自治区。这里民风俭朴，饮食不尚奢华，讲求实惠。多数地区一日三餐以面食为主，小麦与杂粮间吃，偶有稻米；馒头、面条、玉米粥、烙饼、素饺子是其常餐。

### 4.华中地区居民的饮食特点

华中地区位于我国中部偏南，主要包括湖南省、湖北省、河南省，主食多为大米，部分山区兼食番薯、木薯、蕉芋、土豆、玉米、小麦、高粱等。鄂、湘的小吃均以精巧多变取胜；壮、苗、黎、瑶、土家等族人善于制作粉丝、糌粑和竹筒饭，京族人习惯用鱼汁调羹。

### 5.西南地区居民的饮食特点

西南地区位于我国西南边陲，主要包括四川省、重庆市、贵州省、云南省、西藏自治区。该地区居民的主食为大米和糯米，兼食小麦、玉米、红薯、蚕豆、青稞、荞麦、大豆、红稗和高粱。米制品小吃很有名气，米线鲜香，糌粑特异，糌粑、粽粑、荷叶包饭常用于待客。人们普遍嗜辣，大多喜酸。肴馔具有平民饮食文化色彩，价廉物美，“杂烩席”“火锅席”风靡南北。

**6.西北地区居民的饮食特点**

西北地区位于我国西北边陲，包括甘肃省、陕西省、新疆维吾尔自治区、宁夏回族自治区以及青海省。与其他地区相比，西北一带的食风显得古朴、粗犷、自然、厚实，主食中玉米和小麦并重，也吃其他杂粮，如小米饭、莜麦等。家常食馔多为汤面辅以蒸馍、烙饼或是芋豆小吃，粗粮精做，花样繁多。肉食以羊、鸡为重，间有山珍野菌。淡水鱼和海鲜甚少，果蔬菜品亦不多。

**7.东北地区居民的饮食特点**

东北地区位于我国的东北部，主要包括吉林、辽宁、黑龙江省。东北地区居民一日三餐杂粮和米麦兼备，爱吃窝窝头、饺子、蜂糕、冷面、豆粥和面包，高粱米饭和黏豆包最具特色。蔬菜以白菜、土豆、大豆、粉条、黄瓜、菌类为主。爱吃白肉、鱼虾和野味，嗜肥浓，口味偏咸。制菜习惯用豆油与葱蒜，或紧烧、慢煮，使其酥烂入味，或盐渍、生拌，取其酸脆甘香。

黑龙江人待客吃饭时，酒必先上，菜必双数。因为按其习惯，只有父母去世时招待送葬人的丧葬席上的菜才为奇数。上菜顺序一般是先凉后热，先大件后一般，先熘炒后煎炸，先咸后淡，先菜后汤。最后一道菜严禁上丸子。人们认为，上丸子有“滚蛋”之意。席间，主人须频频向客人敬酒、劝酒。

## 不同民族的用餐习俗

中国是一个多民族国家，各民族饮食习惯各异。

**1.蒙古族人的饮食特点**

蒙古族人主要聚居在内蒙古自治区，其余多分布在新疆、辽宁、吉林、黑龙江、青海等省区。蒙古族日食三餐，每餐都离不开奶与肉。肉类主要是牛肉、绵羊肉，其次为山羊肉、骆驼肉和马肉，在狩猎季节也捕猎黄羊。最具特色的菜肴是剥皮烤全羊、炉烤带皮整羊，最常见的是手扒羊肉。蒙古族人吃羊肉讲究清煮，煮熟后即食用，以保持羊肉的鲜嫩。蒙古族人喜食炒米、烙饼、面条、蒙古包子、蒙古馅饼等食品。每天离不开茶，除饮红茶外，几乎都有饮奶茶的习惯。多数蒙古族人能饮酒，多饮白酒、啤酒、奶酒、马奶酒。

**2.满族人的饮食特点**

满族人主要居住在东北三省、河北省和内蒙古自治区。他们一般以稻米和面粉为主粮。用黏高粱、黏玉米、黄米等磨成面制作而成的各种黏饽饽是满族的特色食品。含糖、油较重的“萨其马”是满族人尚食的特色点心。满族人的肉食以猪肉为主，部分地区的满族人禁食狗肉。满族的许多节日饮食与汉族相同，如逢年过节均要杀猪，农历腊月初八要吃腊八粥。

**3.朝鲜族人的饮食特点**

朝鲜族人主要居住在东北三省、内蒙古等地。他们喜食米饭，还常食用大米面制成的片糕、散状糕、发糕等。肉食以猪、牛、鸡和各种鱼类为主，普遍喜食狗肉。朝鲜族最具代表性的食品是“克依姆奇”，即泡菜和冷面、打糕、狗肉汤。朝鲜族人注重根据不同季节调整饮食，如春天食用“参芪补身汤”，清明节必食明太鱼，伏天食用狗肉汤，冬天食用野味肉、野味汤和用牛里脊肉与各种海鲜制成的“神仙炉”。一年四季喜饮一种以糯米饭酿成的酒“麻格里”。

**4.回族人的饮食特点**

回族人在全国各地均有分布，但以宁夏、甘肃、新疆、青海等省区较为集中。由于宗教信仰，回民忌食猪、马、驴、骡、狗和一切自死动物肉和动物血，禁食一切形象丑恶的飞禽走兽，无论牛、羊、骆驼及鸡、鸭，都要经阿訇或做礼拜的人念安拉之名后屠宰，否则不能食用。常食的面点有馒头、烧锅、花卷、面条、烧卖、包子、烙饼及各种油炸面食。油香、馓子是各地回族人都喜爱的食品，也是节日馈赠亲友的礼品。肉食以牛、羊肉为主，也食骆驼肉，食用各种有鳞鱼。回族人饮水讲究，凡是不流的水、不洁净的水不饮用，并喜欢饮茶和以茶待客。

**5.藏族人的饮食特点**

藏族人主要聚居在西藏自治区，还有的分散居住在青海、甘肃、四川、云南等省。藏民一般以糌粑为主食，食用时要拌上浓茶，有时还加上奶茶、酥油等。

藏族人饮茶和饮酒的礼俗很多。若客人到来，女主人会取出珍藏的擦拭得光亮照人的瓷碗摆放在客人面前，端起茶壶轻轻摇晃数次(壶底须低于桌面)，斟满酥油茶后双手端碗躬身献给客人。客人接茶后不能急匆匆地张口就饮，而应缓缓吹开浮油，饮啜数次后碗内留下约一半，将茶碗放于桌上。女主人会续满茶，此时客人不能立刻端起就饮，而应在主人一次次的敦请下边同主人拉话边慢慢啜饮。客人至，一般需饮茶三碗，只喝一碗就不吉利，有藏谚道："一碗成仇！"

**6.维吾尔族人的饮食特点**

维吾尔族人主要居住在新疆，其饮食以面食为主，喜食牛羊肉。常食的主食有馕、羊肉抓饭、包子、面条等，烤羊肉串、烤全羊等菜品颇具地方特色。用小麦粉或高粱粉等制作的各种形状、风味的馕是最具维吾尔族民族特色的食品。羊肉抓饭，维语称"普劳"，主要原料有大米、羊肉、胡萝卜、洋葱、葡萄干、清油等，因其营养丰富、色泽悦目、气味诱人，被俗称为"十全大补饭"。

## 与同事一起进餐是门艺术

一般邀请同事进餐比较随便，不必过于正式，开开玩笑，聊聊家常，做做游戏，哪怕是打打闹闹，都是允许和同事们乐于接受的。但是尽管如此，也应严格区分聚餐的不同形式或者场合，在一些正式的宴会或比较正式的场合，同事聚会时也应该注意形象与礼仪。

**1.邀请同级同事进餐**

⑴如今，同事关系在人们的日常工作和生活中日益重要。很多公司有不成文的习俗：升迁者要请大伙儿吃饭。身在其中，你当然要入乡随俗，不然就显得过于小气。请客吃饭要注意：第一，量入为出；第二，注意身份。如果身份级别不高，不要动辄邀请同事去高级餐厅，否则可能会被认为过于招摇。

相反，如果同事要请你吃饭，当然也要答应了，否则有摆架子的嫌疑，同事会认为你不赏脸。何况，这正是与同事增进感情的好机会。如果周围同事关系很好，而你长久不能融入这个圈子，就会感觉到非常被动。

⑵公司举行的正式聚会，可以不必着盛装出场，但是也不能不拘小节，应注意仪表，整洁大方。如果是同事的邀请，则可随意一点，但也应该考虑同赴邀请的人中有没有陌生人，如果有的话，切忌穿着随便，否则会让同事很掉面子。

⑶话题的选择一定要把握住“火候”。同事之间谈话，最好选择与工作无关的轻松话题，像与老朋友那样的调侃式的对话在同事聚会时要小心使用，不要无形中得罪了同事。席间也不要谈同事的隐私，即使是闲聊，如被心怀不轨的人听到，也很可能会被加油添醋地到处宣扬。因此，有关同事的隐私和秘密，不说为佳。

⑷不要在同事面前批评上司。有人在白天受了上司的批评后，喜欢晚上约个同事喝一杯，然后对着同事发发牢骚，认为同事既然和自己喝酒了，就应是站在自己这一边的，于是借着酒气对上司大肆批评起来。这种事情一定要避免。不论多么值得信赖的同事，当工作与友情无法兼顾的时候，朋友也可能会变成“敌人”。在同事面前批评上司，无疑是自丢把柄给别人，有

一天身受其害都不自知。就算这位同事和自己肝胆相照，不会做出出卖自己的事情，但也得小心“隔墙有耳”。

**2.与下级同事进餐**

要想当好上司，就一定要善于“笼络”下属。你要鼓励你的团队成员努力工作，在他们取得成绩时还要给予奖励。如果公司不能为他们提薪，你不妨自掏腰包请大家出去吃一顿午餐或晚餐。不要摆出一副施恩者的样子，要把你的下属想成跟你一样有价值、有智慧的人，他们只是目前的资历不如你，或者你们各自具有不同的优势。

要注意的是，三杯酒下肚，你可能会管不住自己，比如不经思考给下级许下加薪之类的承诺。所以，酒不能喝得太多，要管得住自己。否则，假如下属是个不值得信任的人，第二天一定会搞得满城风雨。千万不要让那些觊觎你的人有可乘之机。即使在你酒后迷蒙的眼神里他看起来似乎顺眼多了，也不能允许有什么不该做的事情发生。

## 与老板一起进餐要当心

邀请老板进餐主要有两种目的：一种是表示庆贺。如工作上取得成绩，或者晋升、涨工资等。另一种是有事相求。既然是有求于人，在礼仪上就更应该予以重视。而在餐桌上表现自己最恰当的方法莫过于优雅的举止谈吐。按照这样的思路，运用类似的方式来获得老板的信任，在工作中，老板才会更有信心把任务交给你去做。

身为下属，邀请老板吃饭要慎重对待，即使与老板之间有深厚的交情也不可大意。

### 1.邀请老板吃饭要慎重

有人曾精辟地总结出对于男人而言的两大考验：一是陪老婆逛街，二是陪老板吃饭。两者给人带来的烦恼势均力敌。尽管如此，陪老板吃饭是一项必行公事，唯一的应对办法就是克服紧张和拘束，让自己和老板的相处更舒服些。

邀请老板吃饭一定要慎重。在中国，“吃”是万金油，尤其是在物质短缺时代，“吃了别人的嘴软”，这一招特别管用。但是别忘了，对于老板来说，他们早就过了温饱阶段，除非是为了业务，否则根本不会为了吃饭而吃饭。作为下级，特别是级别相差较大的上下属之间，贸然请上司吃饭往往是徒劳的：他对你的用意早就洞察，怎么会吃你那一套呢？很可能是自讨没趣。

### 2.请老板吃饭要选择时机

很重要的工作告一段落，最好是大功告成、任务圆满完成半月之内，或你刚得到提升或者你想给老板一个很重要的建议时，可宴请老板。

如果你从小跟老板毗邻而居，或你们是同学，那么，你可随时请他，他也可随时请你。

如果你与老板不是很熟，那还是等几年后你和他混得很熟时再请他。如果一直没有机会跟他混熟，那就没必要请他了，否则彼此会很尴尬，对你的前途也未必有利。

### 3.被老板邀请吃饭勿拒绝

除非有特别重要的事，否则老板邀请你进餐时千万不要推辞。他可能有重要的业务要谈，而这可能正是你脱颖而出的重要机会。若有机会，事前你应了解一下：这可能是什么性质的宴请，大概有多少人参加，自己需要穿什么衣服，等等。

老板邀请你用餐，他可能会再找他人，因此你不要“携伴”。除非有特别交代，或收到一张背面注明“携伴”的正式请柬。

如果老板邀请你，不可告诉办公室的同事。因为他们会为没受到邀请而难过，并且奇怪你为什么受到如此礼遇，甚至会给你和同事的关系带来负面影响。受到老板的礼遇，保持沉默是最好的。如果老板没当众邀请你，多半他也不希望他人知道。

**4.与老板一起进餐时的注意事项**

在工作酒会、宴会中，一定要等到老板举杯了你才能举杯，或者你可以举杯敬老板。千万不要端起酒杯一句话不说一饮而尽，那样老板会以为你对工作有不满情绪，更不要在老板面前喝醉失态。

如果昨天老板曾请你吃饭或喝茶，第二天见到老板时一定要再次致谢。如果老板受邀并参加了你的派对或你举办的活动，一定要当面致谢，并应送个小纪念品以示谢意，哪怕是一张卡。

和老板一起吃饭要注意自己的言行举止。不要在老板面前道人是非。另外，老总毕竟是老总，饭桌上如果过于拘谨，一顿饭就会吃得没意思；可是如果太过活跃，完全不顾及老总的威严，就更加大错特错了。合适的方式是，在冷场的时候说点乐事以活跃一下气氛。同时，被邀请吃饭时切勿抱着宰人一顿的心理，不应该点比较贵的饮料，也不应该点很贵的菜。

## 宴请客户不能“一视同仁”

客户是上帝，搞好同客户的关系，宴请是免不了的。成功的商务人员会记住客户的资料，研究重点单位关键人士的各方面资料，分析其喜好。邀请客户进餐应注意，对待不同类别的客户也有不同的讲究。

### 1.对待重要客户要讲究档次

重要客户是公司利润的主要来源，更是公司稳定发展的基本保障。宴请这些重要客户时，东西好不好吃不那么重要，重要的是吃东西的环境和档次一定要高，要讲究排场。因为讲究排场才能说明对客户有足够的诚意和重视。邀请重要客户吃饭，首选“大腕餐厅”或四星级以上的饭店。一般来讲，海鲜类餐厅、日本料理、法式大餐等常是首选。在国内，这些字眼儿几乎就代表了餐厅的高档和菜品的考究。

上述饭店通常环境高雅，装修豪华气派、富丽堂皇。而且，这些地方还有很多舒适的单间、雅座，保证你与客户的沟通不会受到外界的干扰。

### 2.对待未来客户要讲究舒适

未来客户是生意场上的潜在客户，他们可能今天还不是你的财富来源，但是明天很有可能让你赚到钱。对于潜在客户来说，接触、交往和交流显得更为重要。比如通过商务宴请，让双方放下戒备，敞开心扉。所以，定期宴请未来客户可能是最好的选择。

对于未来客户，尤其是不了解他对你将会有多大价值时，你可能不大愿意为宴请而抛重金，如对待重要客户一样讲究档次和排场。但是，在宴请的安排上档次也不能过低，或者为了节约而选择环境差、卫生标准低、交通不便的场所。所选餐厅的位置最好有利于客户出行，不太好找的地点最好就不要去了。对于菜品，可以不太贵，但应力求做到新鲜和独特，比如尝试一下新开的风味餐馆，品尝新推出的菜品，都是经济实惠的选择。

### 3.对待老客户要讲究情绪的渲染

一般来讲，跟“朋友”客户吃饭没有那么多的讲究，选择中档餐厅就可以了，但务必要口味地道、环境卫生。同时，毕竟是生意上的合作伙伴，所以，在宴请上仍然要给予对方足够的尊重。如果双方关系足够亲密，不妨邀请他到自己家中吃“家宴”，经济实惠，环境也肯定比餐厅要自由放松得多。对于双方来说，“家宴”更能加深了解和友谊，是简单却绝好的选择。

**4.邀请客户进餐的注意事项**

⑴邀请：尽量不要邀请你的爱人，因为他或她不是所有人都认识，你会整晚都处在他们之间。如果你跟你的爱人并非从事同一个职业，还是不要带他或她去了。

⑵迎客：如果你先到，那就应该让客户有宾至如归之感。进入酒店要以目光和手势示意客户，请他走在前面，同时可以配合语言提示：“刘经理，您先请！”

⑶点菜：客人一般不了解当地酒店的特色，往往不点菜，那么，你可以请服务生介绍本店特色，但切不可耽搁时间太久，过分讲究点菜反而让客户觉得你做事拖泥带水。点菜后，可以请示“我点了菜，不知道是否合您的口味”，“要不要再来点其他的什么”，等等。如果事前能与酒店打电话联络，提前拟定菜单，那就更周到了。

⑷结账：不要让客户知道用餐的费用，否则也是失礼的。因为无论贵贱，都是主人的心意。

## 与女友约会共餐的礼仪

吃饭是热恋中的男女最经常做的事情。吃不是目的，而是方式。在吃饭的时候，可以谈论很多话题，可以对视，可以交杯换盏……反正是什么都好吃，因而热恋期间可以光顾任何餐厅。作为一名文明食客，不仅要有良好的卫生习惯，更要注意行为举止的文雅有礼。在餐馆与女性约会共餐时，应了解和讲究进餐常识及礼仪。

⑴在初恋时期，男孩邀请女孩吃饭，最好选择像麦当劳、肯德基这类大众化的快餐厅。因为刚开始双方对于对方的口味不是很了解，快餐店卖的炸鸡、可乐和汉堡一般人也都不会排斥。同时，这些快餐店经常会赠送花样繁多的小礼物，如果想要女孩子欢心，买个套餐搭送一个史奴比玩具狗，女朋友就能高兴一晚上。

⑵第一次请女友吃饭一定要选人多的、明亮的地方，这样女友才会有安全感，才会愿意接受你的第二次邀请。不过，如果女友对你本来有意的话，也不妨挑人少、灯光暗淡、周围都是情侣的餐厅，这样更可事半功倍。当然，要注意找一个角落的位置，这样可避开众人的目光，减少初恋女友的心理紧张。而且，你还要请她坐在背向门口的位置，如此她的视线便会以你为中心，同时你自己则可看到整个餐厅的情形，能够在平静的气氛中引导谈话内容。但如非特别有趣或必要，切忌在餐厅的人群中找话题。

⑶餐厅的档次品位不能太差，要安静人少，最好有朦胧的音乐，好留待日后回忆你们第N次约会的感人情调。一般来说，女孩子会喜欢格调高雅而整洁的小餐厅、有异国情调的西餐厅，或者，也可以到高楼大厦的顶楼餐厅去，可一边进餐一边饱览都市夜色。

⑷与女性约会共餐时，要注意遵守约定的时间。让女性在公共场合等5～10分钟还勉强可以接受，超过的话，就是没有礼貌。这时候应用电话事先告知，以免影响对方的情绪。

⑸男性在女性来到餐桌边时要站立，即使在混杂的餐厅，也要稍稍提起上身，直到女士入席或者邀请她坐下为止。在女性离开餐桌时，男性也要站起来。但当女性是你的妻子或接待的主人，她来收拾餐具时，就不必站立。

⑹用餐时，万一吃到沙子或异物，不要将食物吐到桌子上，最好悄然起身去卫生间处理，回来也不必声张。当然，也可以把服务员请来，平心静气

地指出饭菜中的质量问题，而不要出言不逊，大吵大闹。

(7)用餐完毕，如何大大方方地结账，留给你的同伴和服务人员一个好印象，也是重要的餐饮礼节之一。用完餐结账有一点需要注意，那就是结账工作绝对是男士的专利。即使你们这次是由女士请客，或男女平均分摊消费额，女士亦应将钱交给男士，由男士招请服务人员结账。通常说来，用餐完毕准备离去时，要利用服务人员经过你身边的机会轻声唤住他，很有礼貌地告诉他："请帮我们结账。"如果一时没有服务人员走近，不妨耐心地多等一两分钟。因为跑到柜台前面掏出钱来结账，既不雅观，也不合乎餐厅礼节。

(8)不要拿女人的事当话题，也不要在他人面前表现出怀疑她的道德。

(9)避免不必要地接触女性的身体。

(10)不要谈让女性尴尬的话题。

(11)要用比平常稍大的音量和女士说话，不要亲昵得近乎猥亵地说话，也不要越过大厅，大声呼叫女士的名字。

## 让男友心动的用餐招法

爱情发展的初级阶段，请客吃饭是主修课程之一。男人跟女人刚走到一起时，吃饭是拉近彼此距离的最好方法。曾有聪明人提出，这是因为胃是离心脏最近的地方，把两个人的胃的距离拉近了，心灵的距离也就自然近了。

沈宏非在《写食主义》中写道："正常男女凡在一个正常年代谈一场正常的恋爱，很难绕过餐桌而行。"不得不承认，餐桌是恋爱中人最好的道具，是个用餐和用情皆宜的好地方，也是考察对方生活细节最有效的手段。恋爱双方在同一张餐桌上吃饭，不仅嘴忙手也忙，还可以近距离观看对方的各种动静，看他起筷，看她喝汤，看他掏钱，看她补妆，就差没看到他卷起袖子洗碗。你要恋爱，就离不开饭桌。

**1.赴约时的礼仪**

⑴答应对方的邀请后如果临时有事要迟到甚至取消约会，必须事先通知对方。

⑵进入餐厅后男士通常会让女士先行，这时不妨自信地跟着侍应到预订的座位，不要坚持做他“背后的女人”。来到座位边不要第一时间拉椅就坐，因为对方可能已准备好为你拉开椅子，不妨给他一个表现绅士风度的机会。

⑶坐在椅子上时应坐直，不要紧靠在椅背上；眼睛正视前方，别只顾垂头逃避对方的视线；手腕可自然地放在桌子边缘上。椅子离桌边的距离不宜太远，否则进餐时会增加身体移动的机会。

⑷等对方拿起餐巾后，你便可把餐巾放在大腿上。如果餐巾很大，可对折成长方形或三角形，较小的则可直接放在大腿上，以防用餐时汁液弄污衣服。

**2.点菜时的心意**

约会中的两个人进入餐厅后，当餐厅侍者送上菜单时，女方不可径自点菜。合理的做法是女方请男伴建议，或向男伴透露自己想吃些什么，然后再由男方向服务人员点取。女士不宜径自点菜的理由，最重要的是让男方有充分的主动权来掌握自己的预算。因为有时候男方口袋中并未准备太多的钱，女士径自点了自己想吃而价格昂贵的菜，万一结账时男方付不出来，场面岂不尴尬万分？另外，由男士负责安排约会用餐的内容，亦可凸显女方是受尊重、被照顾的一方。这样强调了他主人家的角色，也暗示你对他的信赖。

许多女性在被男性问及想吃什么的时候，惯常以“随便”作答，这在约会中是相当不好的。为了表现自己有主见，女方应该说明自己想点的是什么，即使其价格超过了男士的预算，男士也会利用其他建议很巧妙地掩饰过去。

### 3.用餐时的细节

(1)开始用餐时，一个气质高雅、仪态端庄的淑女不应该为男士倒酒或做拿毛巾、夹菜一类的服务。因为在西餐厅中，这些工作应该由服务人员来做；而在中餐厅中，则是男士向女方献殷勤的机会，女方如果反其道而行，非但不能赢得赞美，还会引起男伴的尴尬。

(2)用餐前以餐巾角轻按嘴唇，可减淡唇膏留在杯上的痕迹。喝水、喝酒时尽量固定一个位置喝，以免整个杯口都布上唇印。

(3)如嘴里有东西要吐出来，应将叉子递到嘴边接出，或以手指取出，再移到碟子边沿。整个过程要尽量不引人注意，之后自然地用餐便可。

(4)若需要调味料但伸手又取不到，可要求对方递给你，千万不要站起来俯前去取。喝汤时身子要坐直，头不能低下去就汤匙，而要把汤匙送到嘴边。所以汤不要太热，每匙也不要太满，更重要的是喝时不能发出声响。喝到最后，可把碗稍向外倾出。

(5)嘴角或手指上沾上污渍，可用餐巾角轻印几下，但不要大力擦拭。如中途要离席，可将餐巾对折两下，整齐地放在坐椅上，记住将弄污了的一面折向内，别让人看到你“战绩斑斑”的餐巾。

### 4.结账的诀窍

一般而言，约会的主导权在男性，而约会的费用一般也都是由男性负责的。另一方面，男性偶尔也会希望女性在约会时分摊一些费用，这个时候女性就要注意了，千万不要让他感到难为情。可以告诉他“最近报上说南京路开了一家川菜馆，里面做的‘水煮鱼’很好吃。我们一起去吧！今天由我买单”，这么一来就可以皆大欢喜了。而下次的约会也就顺理成章地订下来了。

# 国外饮食风俗

在涉外社交之中，必须了解外国人的饮食风俗礼仪。

1.欧洲

⑴英国人的早餐一般为三明治、各种麦片、牛奶、黄油点心、煮蛋和各式果汁。午餐、晚餐多为各类肉蛋及蔬菜。英国人喜欢喝清淡的汤，每日三餐不离水果。他们把调味品放在餐桌上让人自由使用。另外，许多英国人还有早上喝红茶、午晚喝咖啡之习。

⑵法国人饮食比较讲究，他们喜食各类大牲畜肉和鱼蛋之类的食物。喜欢以葡萄酒、牛奶、红茶为饮料。法国人十分重视晚餐，早餐则比较简单。

⑶意大利人爱吃通心粉、馄饨、葱卷等，菜以煎、炒、炸、焖为主。

⑷西班牙人口味偏重浓郁，以鸡、鱼、虾及水果蔬菜为主菜。

⑸德国人喜食猪、牛、肉及鸡、鸭和野味，偏重酸甜食品。他们以午餐为主，嗜好啤酒，忌食核桃。

⑹独联体国家人以面类为主食，菜类较杂。他们习惯吃小吃，重视早、午餐，爱喝烈性酒。保加利亚、南斯拉夫、捷克、荷兰、瑞典等国与独联体国家人相似。匈牙利人则喜食油大味浓、甜而微辣的食物。在匈牙利，人们除夕之夜忌食飞禽和鱼类，认为若吃了就会使幸福飞走。

2.亚洲

日本人的饮食是由传统和食、西方洋食及中国饭菜三个体系构成的。主食、主菜同中国人相似，只是在除夕夜要吃空心面，以示来年人口平安。朝鲜人喜食泡菜和辣性食物，以爱吃狗肉及喝烈性酒而闻名。印度的中层人士吃素者较多，忌喝酒。新加坡人喜吃中国闽粤风味菜肴。泰国人早上爱用西餐。菲律宾人的饮食口味与西班牙人相同。缅甸人用餐讲究少而精，不食动物内脏。

**3.美洲**

美国人的饮食习惯同英国人相近，喜吃牛肉、猪肉和鸡、鱼、虾以及蔬菜、水果，善用煎、烤、炸法制作食物，于餐桌上自行调味。他们喜清淡，厌吃蒜及酸辣味，忌食动物内脏。加拿大人、墨西哥人、巴西人与阿根廷人的饮食习惯与美国人相近。

**4.非洲**

非洲人饮食比较特殊。埃及人以面饼为主食，忌食猪肉、海产品及形怪之动物，禁用酒。苏丹人口味清淡，忌食猪肉。摩洛哥人酷爱饮茶。坦桑尼亚人大多以羊肉为主要副食。加纳人爱吃英式西菜。其他西非国家则多以大米、甜薯、玉米为主食。

## 国外宴请习俗趣闻

**1.韩国人的宴请习俗**

韩国人爱吃辣味，主食、副食里常常少不了辣椒和大蒜。韩国人的主食以大米和面食为主，最喜爱的传统面食是辣椒面和冷面。韩国人制作冷面，面条的原料是荞麦面。韩国人每顿饭都要有一碟酸辣菜，尤以酸辣白菜最为爽口。

韩国人接待商务方面的客人，多在饭店或酒吧举行宴请，以西餐形式招待，因此韩国拥有许多西餐馆和日式餐馆。韩国餐馆的内部结构有两种形式，即椅子式和脱鞋上炕式。在炕上吃饭时的坐姿是：男人盘腿而坐，女人右膝支立。这种坐法只限于穿韩服时使用，现在的韩国女性平时不穿韩服，所以只要把双腿收拢在一起坐下就可以了。

### 2.日本人的宴请习俗

日本人相互拜访时，一定要打电话预先联系。他们一般不在家里宴请客人。如果应邀到日本人家中做客，一定要在门厅摘脱帽子、手套和鞋，在门口相互致意。走进房门后，男子坐的姿势比较随便，但最好是跪坐，上身要直；女子要正跪坐或侧跪坐，忌讳盘腿坐。告别时，应在离开房间后再穿外衣。到日本人家中做客，要为女主人带上一束鲜花，但忌选荷花和绿色，如果带的是菊花，应选有15片花瓣的菊花。同时还要带上一盒点心或糖果，最好用浅色纸包装，外用彩色绸带结扎。

日本人在接待至亲好友时使用传统的敬酒方式。斟酒时，酒杯不能拿在手里，要放在桌子上，右手执壶，左手抵着壶底，千万不要碰酒杯。主人给客人斟的第一杯酒，客人一定要接受，否则就是失礼。主人再斟的第二杯酒客人可以拒绝。

### 3.新加坡人的宴请习俗

新加坡人对宴请持非常谨慎的态度，他们一般不会邀请初次见面的客人吃饭，等对客人有所了解后，才可能设宴来款待。而且新加坡的政府官员不得接受社交性宴请，不然就会被有关单位严加处理。

去赴宴时，男士必须穿西装、系领带，女士们则要穿晚礼服，这样主人家会觉得受到尊重。如果宴请是设在主人的家里，吃完饭后客人不能立即就走，要帮主人做清洁工作，否则就会被视为对主人家不尊重。而且在赴宴请时，客人通常还要随身携带一份礼物，因为新加坡人有赠送礼品的习惯。在宴席上礼物会原封不动地被搁在一边，客人散去后主人才会打开。

### 4.德国人的宴请习俗

德国人很少邀请同事或业务上的客人去家中吃饭，一旦被邀请，应当视为一种荣誉，一定要接受，并要准时到达。做客时还要为女主人带一束鲜花，而且送前要打开包装。不要送带有浪漫色彩的红玫瑰，切忌送“十三”之数与偶数的花。

德国人的饭局是名副其实的“大块吃肉、大碗喝酒”——吃猪肉喝啤酒。饭局上的菜大部分都是猪肉制品，最有名的一道菜是“黑森林火腿”，它可以切得跟纸一样薄，味道奇香无比。饭局上的主菜就是在酸卷心菜上铺满各式香肠及火腿，有时用整只猪后腿代替香肠和火腿。那烧得熟烂的一整只猪腿，德国人可以面不改色地一人干掉它。德国人在饭局上主要是喝啤酒。

**5.俄罗斯人的宴请习俗**

伏特加是俄罗斯的名酒，俄罗斯人干脆把伏特加当成了饭局的代名词，因为无论谁设的饭局，席上都少不了伏特加酒。

在饭局上，俄罗斯人先在每人的酒杯里倒上一杯伏特加。第一杯通常是一齐干下，以后各人按自己的酒量随意酌饮。俄罗斯人的饭局不太讲究菜的质量和多少，只要有酒喝就行。喝口酒，吃口面包，再来一小口奶酪，就是一种很好的享受。在俄罗斯的一些餐馆里，通常也可以看到成群的人围着桌子干喝酒，那是俄罗斯的穷人在设饭局，他们没钱买菜。尽管如此，饭局的气氛在酒精的作用下仍然热烈而快乐。

**6.美国人的宴请习俗**

美国人是全世界最“自由”的民族，吃也不例外，不像中国有那么多繁文缛节，一件T恤衫、一条破牛仔裤就可以轻轻松松去赴饭局了。

在饭局开始时，美国人通常先要喝一杯冰水或者一小碗汤，然后是一盘沙拉，接着才开始吃一道主菜牛排或牛肉饼。主菜吃完后吃西瓜或水果，不饱的话再吃块甜点心。在美国人的饭局上，一般是由服务员或主人将每道菜送到餐桌旁供宾客取用。一个人取完后再传给旁边的人。面包等食物也放在大盘子里根据需要自取。食物可在餐中任何时候取用。

# 第三章

# 百邀百到：成功邀请有诀窍

宴请作为生意场中的一种礼节性行为，发出邀请是第一个步骤。恰当的邀请可以为交际的成功奠定基础。这就要求邀请讲究一定原则和技巧，对此邀请者绝对不可以掉以轻心。要寻找最为实用的宴请理由，对不同的邀请对象实施不同的策略。还要注意把握好请柬上措辞的使用是否得当，时间安排是否合适等一系列因素，如此才不会让受邀者找到拒绝的机会。

## 成功邀请的三个原则

请客吃饭作为生意场中的一种礼节性行为，发出邀请是第一个步骤。恰当的邀请可以为交际的顺利和成功奠定基础。为此，你应该遵循以下三个原则。

### 1.选择合适的对象

确定邀请对象是宴请首先应该解决的问题。而邀请对象的选择必须根据交际的目的而定。就一般情况而言，下棋应请棋友，跳舞要请舞友，打球当请球友，乔迁、喜丧则请亲朋故旧；开业剪彩就该请有利于工作展开、业务往来，便于协调社区关系及媒体宣传方面的客人……

邀请的对象自然是能给你带来帮助的人，但有时也需要一些其他朋友作陪。如果遇到这种情况，就应当精心选择邀请对象，根据交际的性质、需要及宴会规模的大小等，遵循先主要后次要、先亲近后疏远的原则来划定邀请范围，依次确定邀请名单。

此外，还要适当考虑邀请对象的学识、年龄、地位、性格的差异和他们相互间的关系等，以防邀非其人，破坏邀请对象间的关系和谐，给你的交际带来不必要的麻烦。

### 2.采取恰当的方式

采取何种方式邀请，要具体问题具体分析，根据交际的性质和对象而定。学者、专家、老板等，大多工作忙、时间紧，对他们最好提前相约，以便他们调整工作、时间安排；闲暇时间多、工作容易调度的人早约定自然更好，而即使临事而请，一般也能随请随到；对某团体的要人，公开邀请，甚至借助传播媒介，既能体现公正无私、光明磊落，又利于引起关注，以促进宣传、扩大影响；而邀朋友“密谈”则应悄悄进行，以便避开旁人的视线，保证交往活动的隐蔽性。

一般的往来、一般的亲友，打个招呼、通个电话、捎个口信也就可以了。较重要的工作联系、业务关系、公关事务等，就必须采用相应的公文形式，如发书信、寄请柬等，或者按照一定的规格派专人传达、亲自登门，以示重视、郑重和尊重。总之，邀请的方式要因事而异，因人而异。

**3.注意“行”“明”“便”“诚”**

“行”即邀请的可行性。某人办了一家餐馆，开业剪彩，非要请某大型企业董事长亲临，来壮门面、做宣传，谁知久请不到，一拖再拖，最终也没请来，白白浪费了时间。所以邀请要量力而行，既不强人所难，也不为所不能为。

“明”就是明确、明白。邀请前一定要明确宴会的时间、地点、活动内容、邀请对象等，以便心中有数。还需将上述事项向邀请对象传达明白，以利其接受邀请，担负相应的角色，并准时赴约。

“便”就是尽可能地为邀请对象着想，为其提供来往交通等方面的便利。王老板想请李教授帮他解决一个技术难题。李教授年事已高，行动不便，原本打算拒绝，没想到王老板竟派了专车接送，专人护理，使李教授很感动，于是改变了主意。这样做，与人方便，自己方便，利人又利己。

“诚”就是真诚相约，不虚情假意，不违约、不失信。有人曾邀请几位朋友到他家去做客，朋友信以为真，谁知他却是虚意敷衍，让朋友吃了闭门羹。这种失礼行为使朋友非常气愤，事隔多年，提及此事朋友仍然耿耿于怀。这么“邀请”耍弄了别人，失去了朋友，岂不害人害己！

## 向对方发出邀请的两种形式

商务人员必须对一定的交往对象发出要求，邀请对方出席某项活动，或是前来己方做客。这类性质的活动，商务礼仪上称为“邀约”。在民间，邀约也被称为“邀请”。

在一般情况下，邀约有正式与非正式之分。正式的邀约既讲究礼仪，又要设法使被邀请者记住，故此多采用书面形式。正式的邀约有请柬邀约、书信邀约、传真邀约、便条邀约等具体形式，它适用于正式的商务交往中。非正式的邀约也有当面邀约、托人邀约以及打电话邀约等不同形式，多适用于商界人士之间的非正式接触。

**1.正式邀约**

(1)请柬邀约。在正式邀约的诸形式之中，档次最高也最为商界人士所常用的当属请柬邀约。凡精心安排、精心组织的大型活动与仪式，如宴会、舞会、纪念会、庆祝会、发布会、开业仪式等，只有发请柬邀请嘉宾，才会被人视之为与其档次相称。

请柬的基本格式和写法如下：

请柬从形式上分为横式写法和竖式写法两种。竖式写法应从右边向左边写。

从内容上看，作为书信的一种，请柬又有其特殊的格式要求。请柬正文要写清活动内容，如开座谈会、联欢晚会、生日派对、国庆宴会、婚礼、寿诞等；写明时间、地点、方式；如果是请人看表演，还应将入场券附上。若有其他要求也需注明，如“请准备发言”“请准备节目”等。主人姓名放在落款处。

请柬示例一：

谨订于2007年5月18日下午14时整于本市海马大酒店水晶厅举行五环集团公司成立十周年庆祝酒会，敬请届时光临

联系电话：6332866

备忘

注意以上例文，你可能会发现其中邀请者的名称在行文时没有放在落款处，而是置于正文之间。其实，把它落在最后并标明发出请柬的日期，在商务交往中也是允许的。

另外，被邀请者的"尊姓大名"没有在正文中出现，则是因为姓名一般已在封套上写明白了。要是"不厌其烦"地在正文中再写一次，也是可以的。在正文中，"请柬"二字可以有，也可以没有。

请柬示例二：

尊敬的马晓旭先生：

2006年8月6日下午19时为王越女士饯行，席设本市测汀江路8号清风路茶社，恭请光临

王守成谨订

2006年7月28日

⑵书信邀约。用来邀请他人的书信，内容自当以邀约为主，但其措辞不必过于拘束。它的基本要求是言简意赅，说明问题，同时又不失友好之意。可能的话应当打印，并由邀请人亲笔签名。比较正规的邀请信有时也叫"邀请书"或"邀请函"。

邀请信示例：

尊敬的奥海公司负责人：

2005北京新文化产品技术展销会定于今年6月8日至28日在北京国

际展览中心举行，欢迎贵公司报名参展。

报名时间：4月1日至20日

报名地点：花园路乙20号

联系电话：256188

组委会敬邀

2005年3月16日

在装帧与款式方面，邀请信不必过于考究。其封套的写作与书信基本相同。

(3)传真邀约。指利用传真机发出传真件进行邀约。传真件的具体格式、文字与书信邀约大同小异，但是由于它利用了现代化的通信设备，因而传递更为迅速，并且不易丢失。此外，还有一种电子邮件邀约，其做法基本与传真相似。

(4)便条邀约。在某些时候，商界人士在进行个人接触时还会采用便条邀约。便条邀约，即将邀约写在便条纸上，然后留交或请人带交给被邀请者。在书面邀约诸形式之中，它显得最为随便。然而因其如此，反而往往会使被邀请者感到亲切、自然。邀请便条的内容是有什么事写什么事，写清楚为止。所选用的纸张应干净、整洁。依照常规，用以邀请他人的便条不管是留交还是带交对方，均应装入信封中送交。

便条邀约示例：

刘晓航先生：

兹与远大集团公司林海董事约定，下周六中午12时在四川酒家共进工作餐。敬请光临。

杨光留上

7月2日

**2.非正式邀约**

非正式的邀约通常以口头形式来表现，相对而言要显得随便一些。非正式的邀约也有当面邀约、托人邀约以及打电话邀约等不同形式，多适用于商界人士之间的非正式接触。

⑴当面邀约。这种方式比较自然，常用于互相比较熟悉的亲朋同事之间。这种方式不但可以让被邀请者了解赴宴的目的，而且当时就可以知道被邀请者是否有空和乐意接受。

⑵电话邀约。这种方式比较灵活，不论什么时候，只要主人有空就可以邀请客人。采用这种方式既可以节省亲自去邀请的时间，也可以马上知道对方的意见。

## 怎样使用宴会请柬

正式的书面邀请称为请柬，也叫请帖，是为邀请而发的社交文书。请柬一般由正文与封套两部分组成。在请柬的行文中，通常必须包括活动形式、活动时间、活动地点、活动要求、联络方式以及邀请人等项内容。

**1.横式请柬和竖式请柬**

从写法或印刷格式看，请柬可分为横式和竖式两种。竖式是传统方式，与传统的竖行书写方式相应；横式则与横行书写的方式相应。现在，横、竖两种形式通用，但适当做一些选择也是有必要的，这种选择可以从四个方面来考虑。首先从邀请对象考虑，若邀请港台朋友，则以竖式为要，而一般大众化尤其是以集体名义发出的请柬，则以横式为佳；其次要看邀请的内容，具有传统、民族特色的活动可用竖式请柬，现代、西方特色的活动可用横式请柬；再次还要因文字而定，如果是纯外文(除日文等)或中外文并写的，则以横式请柬为宜。此外，专门设计也可能会决定请柬的书写方式。

**2.请柬的写法**

请柬正文的用纸大都比较考究，多用厚纸对折而成。以横式请柬为例，对折后的左面外侧多为封面，右面内侧则为正文的行文之处。封面通常讲究采用红色，并标有“请柬”二字。请柬内侧可以同为红色，也可采用其他颜色。但民间忌讳用黄色与黑色，通常不可采用。在请柬上亲笔书写正文时，应用钢笔或毛笔，并选择黑色、蓝色的墨水或墨汁。红色、紫色、绿色、黄色以及其他鲜艳的墨水不宜采用。

对于一般的邀请来说，从文化用品商店挑选来的请柬就可以了。但对于大机构的大型活动或是极富特色的专门活动，这显然是不够的。这时，最好是专门设计和印制。比如举办大型活动，要邀请好多人参加，一一填写地址、时间等是比较困难的，印刷则可以解决这些问题；如果是画展、音乐会等独具特色的活动，专门设计请柬的封面会取得独特的效果。

**3.请柬使用应注意的问题**

⑴如举行正式的宴会，一定要提前发出请柬，并注明“敬请准时入席”。如欲宴请外宾，则宴会时间的选定应避开外宾的忌讳。例如，宴请西方人，要回避13日，尤其是13日与星期五是同一天。在斋月宴请穆斯林信徒，宜在日落之后进行。

⑵一般的请柬都应该加封，邮寄的更应如此，当面递交的可不封口。如果在这方面草率对待，就不会给对方以庄重的感觉。

⑶无论是递交还是寄交，都应该把握请柬发出的时间。递交的可比寄交的稍迟一些，寄交的则必须考虑到留有足够的投递时间，否则可能会出现被邀人接到请柬时活动日期已经过了或是根本来不及准备的情况。对于有回执的请柬来说，发出时间更应该提前，以便给被邀人留出足够的回复时

间。需要对方做相应准备的邀请也应如此。一般来说，宴会请柬应在两三周前发出，至少应提前一周(有的情况须提前一个月)，太晚了不礼貌，有的人甚至因此拒不应邀。不过，请柬也不可过早发出，如果发出时间与活动时间相隔过长，则可能让人淡忘，起不到预期的效果。

(4)请柬中应避免出现“准时”两字。在正文后可根据不同的情况采用“敬请光临”“恭请光临”“请光临指导”等结语。在一些请柬上我们时常可以看到“请届时光临”的字样，“届时”是“到时候”的意思，表示出邀请者的诚意。但是有些请柬把“届”改成了“准”字，这样就成了命令式，显得邀请者高高在上，对被邀请者不尊敬。所以，请柬中应该避免出现这样的结语。

(5)重大的活动还要注明着装要求及其他附加条件。口头约妥的活动，仍应补送请柬，并在请柬右上方或左下方注上“备忘”字样。需要安排座位的宴请活动，为确切掌握出席情况，以便做好准备，还要求被邀请者答复是否出席，请柬上一般应注明“请答复”字样。如需要不出席者答复，则注明“如不能出席请答复”字样，并注明电话号码，以备联系。如果活动地点比较偏僻，或者对于部分人来讲不熟悉，要在请柬上注明行走路线、乘车班次等。

(6)请柬发出后，也可以用电话询问对方能否出席。主办方要及时落实出席情况，以调整安排好席位。

(7)对外交往中使用的请柬应采用英文书写。在行文中，全部字母均应大写，不分段，不用标点符号，并采用第三人称。这是习惯做法。

(8)在请柬的封套上，被邀请者的姓名要写得清楚、端正，一来是向对方示敬，二来是为了确保它被准时送达。

(9)国际上的通常做法，如邀请夫妇二人，可合发一张请柬。我国国内有些场所需凭请柬入门，因此要夫妇各发一张。

# 如何周全地应对邀请

任何书面形式的邀约，都是在邀请者经过慎重考虑，认为确有必要之后才发出的。因此，在商务交往中，商界人士不管接到来自任何单位、任何个人的书面邀约，都必须及时正确地处理。不论能不能接受对方的邀约，均须按照礼仪规范给予明确、礼貌的回答：或者应邀，或者婉拒。置之不理，厚此薄彼，草率从事，都是不礼貌的，还有可能自找麻烦。

**1.尽快答复**

任何被邀请者在接到书面邀请之后，不论邀请者对于答复者有无规定，出于礼貌，都应尽早将自己的决定通知对方。所有的回函，不管是接受函还是拒绝函，均须在接到书面邀约之后三日之内回复，而且越早越好。

**2.尽可能参加**

当收到别人正式寄来的邀请函时，若没有特别重大或临时事故，都应该尽可能地参加，因为信函邀请要比电话邀约正式得多，在考虑是否出席时，前者应优先考虑。即使临时有其他人以电话约被邀请者，被邀请者也要先出席此宴会，再和其他人另约定时间。

**3.回函是必要的**

许多邀请者在发出书面邀约时就对被邀请者有所要求，请对方就能否到场做出答复。通常，类似的规定往往会在书面邀约的行文中出现。例如，要求被邀请者“请予函告”“敬请答复”等。

某些商务往来中所使用的正式邀约，尤其是请柬邀约，依照国际惯例，在正文之中行文时，对被邀请者所做的要求答复的请求，通常都采用英文或法文的专用词组和缩写来表示。例如“Toremind”，意即“备忘”。用在书面邀约中，带有提醒被邀请者务必注意勿忘之意。

在行文时，这些外文词组与缩写一般应当写在正文的左下方。有些善解人意的商界人士为了体谅被邀请者，在发出书面邀约时往往同时附上一份专用的“答复卡”，上面除了“接受邀请”“不能接受”这两项内容外，再没有其他任何要求。这样，被邀请者在答复时只需稍费“举手之劳”，在以上两项之中做一回“选择题”，在二者之一划上一个勾或是涂去其一，然后再寄回给邀请者就行了。在接到书面邀约的同时没有接到“答复卡”，并不意味着不必答复。答复是必要的，只不过需要自己亲自动手罢了。

接受邀约的回函示例：

宏达公司董事长兼总经理王兴先生非常荣幸地接受环宇影视广告公司总裁刘伟先生的邀请，将于10月12日上午9时准时出席环宇影视广告公司开业仪式。

谨祝开业大吉，并顺致谢意。

**4.客气谢绝**

任何性质的正式宴会，受邀者在接到主人寄来的邀请卡时，若因事不能参加，必须事先向主人做礼貌性的说明。拒绝邀约的理由应当充分，比如自己有病在身或家人得了重病须予以照顾；在同一天的同一个时段，已经有了其他的正式约会；在宴会当天自己有要事或出差、出国在外等。在回绝邀约时，切勿忘记向邀约者表示谢意，或预祝其组织的活动圆满成功。

拒绝邀约的回函示例：

尊敬的李嘉先生：

我深怀歉疚地通知您，由于本人明晚将乘机飞往美国华盛顿洽谈生意，故而无法接受您的邀请前往富豪饭店出席贵公司举办的招待会。恭请见谅，谨致谢忱。

此致

梅婷敬上

5月18日

## 成功邀请的八大招法

一顿饭局能够打开职场上的尴尬局面，而恰当的理由是一次宴请的开端。有时候，为了达到宴请的目的，请动你想邀请的人，甚至需要自己创造理由。比如，你邀请“D总”吃饭，就有多种巧妙的说法：

D总，昨天朋友从国外旅行回来，送我一瓶洋酒和一些外国名产，我想请您来品尝……

D总，上次听说您到我们这儿出差，时间紧也来不及到我们公司看看，这次无论如何得让我补一补地主之谊……

D总，今天实在感谢您对我们公司产品的指教，晚上我来做东……

D总，这儿新开了家海鲜店不错，我自己去吃公司当然不能报销，您就牺牲一次，让我沾回光吧……

D总，我刚预订了王朝酒家店的一个海鲜浓汤，按规定要煲三天。您三天后有时间吗？无论如何给个面子……

实践中，成功邀请的方法还有很多。以下介绍八大招法，助你成功邀约。

**1.开门见山**

直接提出邀请，说出自己的目的。例如："喂，赵经理吗？我们现在在朝阳酒楼吃饭，过来认识几个朋友吧。我们等你来啊。""小妹啊，我在东海大酒店请几位老板吃饭，你一起过来吧，都等你呢，快点啊！"

**2.借花献佛**

借自己有什么喜庆作为"花"来献一下"佛"。例如："王科长，今天足球彩票公布了，我中奖了！一等奖(虽然全国人民这期都中，奖金可能就20元)！走吧，我们到东方海鲜楼去庆祝庆祝！"

**3.喧宾夺主**

事先调查一下要邀请者所在的环境，就近选择一家有特色的酒店，然后开始发出邀请。例如："张主任，中午有空儿吗？一起吃饭好吧？我在你这边发现了一家烤味店，就在对面小巷中，距离你这里走路也就三分钟就到了。那里的烧烤真的是一流，而且环境也不错……真的是休闲吃饭的好地方……""哦，你中午没有时间啊？没有关系，这样吧，下午我去定个位置，然后晚上你带上你的女朋友，我们一起去吃怎样啊？晚上我给你电话哦！"

**4.暗度陈仓**

先用其他的东西来吸引住对方，然后借口发出邀请。例如："张主任，这份文献不错吧？昨天我在一家专业网站上还看到了一份更加权威的文献！只是昨晚太晚了，没来得及下载……这样吧，我现在就下载那份文献，晚上我们一起吃饭，然后我把那份文献交给您？"

**5.声东击西**

故意拖长拜访时间，然后再发出邀请。例如："张主任，您的观点对极了，我真的是对您佩服得五体投地！看，这时间也不早了，这样吧，我们找个地方一起吃饭，然后您再把这个观点继续给我细说一下。对面的绿蔷薇西餐馆环境棒极了，很适合聊天！走吧！我们现在就过去？”

### 6.步步为营

这是第二次邀请时采用的招数。例如：“D总，怎么样啊？上次给你介绍的那家海鲜楼不错吧？现在该承认我是寻找美食的专家了吧？最近我又发现了一家川菜馆，里面做的水煮鱼真的是一流，今天晚上我们一块儿品尝品尝吧！”

### 7.诱敌深入

先问对方一些无关紧要的话，然后再提出邀请。例如：“孙经理，你是东北人吧？”……“我就喜欢东北人，直爽！哦，还特别喜欢吃你们那里的菜！那个大骨头蒸出来吃，一股酱味道，叫什么来着？”……“对！就是酱骨架。我特喜欢吃！我知道一个地方，有家东北菜馆，他们那里厨师的手艺地道，做出来的酱骨架真的很好吃，想着就流口水……这样吧，现在我们就去吃吃？”

### 8.擒贼擒王

解决问题要抓住主要矛盾，不能乱弹琴，请人吃饭也是这个道理。请客时请到一个关键人物，他会帮你带来相关的人，总比你盲目地请上好多人强得多！

## 邀请遭到拒绝后的处理方式

请客吃饭，有些时候在邀请时会吃“闭门羹”。被拒绝是一件令人沮丧的事情，一些人经不住屡遭拒绝的打击，最终放弃了宴请。如果邀约遭到拒绝，首先应该保持冷静和理性的态度坦然面对，同时也要适当反思并找出应对办法。

谁都知道，办宴容易请客难。请客吃饭不是一件容易的事，其难点主要在于：如何请出来，吃什么，如何边吃边谈工作。这三个步骤中，难度最大的是如何请出客户，因而遭到拒绝的情况也常见。原因很多，列举几点如下：大多数人会留恋家中的饮食，费时费力去应付一桌动机明确的饭，即使我们自己是客户，这种事多了也不会感兴趣；宴请的理由不当，比如，你想和某人处朋友，就开门见山提出邀请，说出自己的目的，人家肯定不去；与被宴请者的关系一般；陪客中有相互之间有矛盾的人；认为请客吃饭有贿赂之嫌疑，怕“吃人嘴软，拿人手短”。

其实，宴请被拒绝并不可怕，关键是要有一个正确的态度，并掌握一些克服沮丧情绪的心理技巧。

**1.正视拒绝**

对拒绝要有心理准备，以便在被拒绝时也能泰然处之。要确立宴邀成功的自信心，把失败看成是一次学习的机会，一次发挥幽默感的机会，一次实践和完善自身素质的机会。

**2.反躬自省**

邀请被拒绝肯定会令人沮丧，对于商务宴请的邀请者来说，被拒绝可能意味着商机的丧失，为买卖成交而付出的大量前期准备和说服工作很可能功亏一篑。

这时候，千万不能气馁。要细心倾听，根据对方的需要以及他的言辞来判断其心理。判断他们不能赴宴，是出于工作繁忙脱不开身，还是根本不想赴宴，以便做出下一步安排，再找机会发出邀约。

如果宴请被拒绝，最应当做的是查找自己被拒绝的原因，反省失败的理由。你可以问自己下面几个问题：

(1)在宴请之前，我有明确的目的吗？

⑵在宴请之前，我了解对方吗？

⑶在邀请时，我有足够的诚意吗？

⑷我宴请的理由（说法）充分吗？

⑸对方拒绝的理由能驳倒吗？

⑹我注意到对方有意赴宴的信号了吗？

⑺我做最后的尝试了吗？

如果你在回答这些问题中发现了自己的失误，很有可能失败的原因就在这里。倘若你发现对方并没有完全回绝邀请，或者你感觉还有尝试邀请的余地，那么，鼓起勇气再尝试一次，这没什么丢脸的，毕竟生意不成功更丢脸。

**3.以诚动人**

所谓诚意，表现为一种坚持、耐心、毅力。简单地说，一个客户很难请出来，你就不停地邀请。每次出差到了该地，都第一个电话打给他：“赵总，今天我又来出差了。上次您正好有事，今天方便吗？大家一起聚聚？”如果遭到婉拒，你再着手安排别的事情。假如一年里你去该地出差十趟，有多少人忍心拒绝十几次诚意的邀请？

如果邀请一个客户，你可以建议他带上家人，来不来是他的事，但是至少你的诚意到了。

第四章

# 订餐技巧：订餐是宴请的重要环节

订餐是宴请的一个重要环节。如果你准备请客，特别是到那些高级豪华餐厅，最好是预约餐位。这样做，主要是避免客户因没有位子败兴而归。同时，订餐还可以达到花同样的钱获得更高雅、更舒适的用餐空间的目的。根据宴请的对象、主题，可采用多种方式进行预订。商务宴请虽然吃的是"概念饭"，但是用餐的地点和场合的选择是非常重要的，口味、环境、位置等，都是应考虑的要素。宴请时间可根据主办方的实际需要而定，但也应该根据客人的活动妥善安排，同时还应考虑参加人员的风俗习惯。

## 订餐的七种方式

订餐方式是指为预订宴会，主办方与酒店宴会预订员之间接洽联络、沟通宴会预订信息而采取的方式、方法。根据宴请的对象、主题，可采用多种方式进行预订。订餐的方式有以下几种：

**1.电话订餐**

电话订餐是一种很普遍、实用的方式，主要用于小型宴会预订。在电话中，你必须讲清楚单位名称、人数、标准和到达时间。如有其他特殊要求和问题，也须一并提出，例如有的被邀者可能带着小孩子，是否能事先准备好小孩专用的高椅子等。

**2.面谈订餐**

这是最常见的一种宴请预订方式，住店客、地区居民多用这种方式预订。订餐者通过与酒店预订员或宴会销售员进行面对面的交谈，充分了解酒店举办宴会的各种基本条件和优势，洽谈举办宴会的一些细节问题，解决宾客提出的一些特殊要求。面谈可以增进彼此的信任和了解，有利于达成一致意见。在进行面谈预订时要注意以下几点：

第一，礼貌问候预订员或宴会销售员。

第二，说明自己的姓名、单位名称、电话号码、预订内容和特殊要求等。

第三，对酒店提供的标准菜单要认真挑选并确认，菜单中的个别菜肴可视情况适当予以调整。有特殊要求的，要让店方确认。

第四，遇到重大活动和宴会，应当根据与酒店达成的协议草拟合同，对未定事宜和主要改动事宜注明最后确认时间。

第五，向店方表示感谢。

**3.信函订餐**

信函订餐适宜于远距离、长时间订餐的住店客或企事业单位。它以书面的形式询问或回答有关问题，事后还要与酒店保持联络，并结合电话预订或面谈，最终达成协议。

**4.传真或E-mail订餐**

一般用于比较正式的场合，例如公司请客，用餐人数较多的情况。如果你是常客，也许有你比较偏爱的餐位、包间，或者有无吸烟区等要求，这些你不妨在信上讲明。当然，时间、人数、请客方名称都是必不可少的内容。如需外加一些仪式的话，你最好亲自到餐厅跑一趟，以免仅靠简短的邮件解决不了问题反而产生误解。

**5.中介人订餐**

中介人是指专业中介公司或饭店内部职工。专业公司可与饭店宴会部签订常年合同代为预订，收取一定佣金。饭店员工代为预订，适用于饭店比较熟悉的老客户。

**6.网上订餐**

网络和电子信息的普及，凸显出网络订餐的便利性。比如，如果公司要预订今天中午的一顿经理宴会，只要从计算机记录中调出参加宴会人员的个人档案，进入网络系统，输入参加宴会的人数、宴会地点、消费标准、个人口味、喜好以及忌口等，网络上就会出现可选择餐厅的名称；选中后进入该餐厅目录，查询餐厅菜品介绍；最后通过网络订餐、点菜，注明就餐时间、上菜顺序以及付款方式等即可。

**7.政府指定性订餐**

政府指定性订餐是指政府机关在政务交往或业务往来中安排宴请活动

而专门向有关宾馆、饭店宴会部发出预订的方式。政府指定性预订，常由文件下达计划或由专职工作人员将书面预订计划送给宴会预订员或宴会部经理。政府指定性订餐往往需要遵循有关规定，具有一定的强制性，酒店应无条件满足其预订要求。

## 订餐的一般程序

**1.订餐前要了解有关宴请活动的各种信息**

这些信息包括：赴宴的客人人数；宴会规格；宾客的风俗习惯；宾客的生活忌讳；宾客的特殊需要。对于规格较高的宴会，还应掌握宴会的目的和性质；宴会的正式名称；宾客的年龄和性别；有无席次表、座位卡、席卡；有无音乐或文艺表演；有无司机费用；主办者的要求、想法等。

**2.向中意的餐饮单位询问与订餐相关的信息**

问询的内容通常包括：宴会厅是否有空；宴会厅的规模及各种设备情况；宴会主办单位提出的有关宴会的设想以及在宴会上安排活动的要求能否得到满足；中西餐宴会、酒会、茶话会等的起点标准费用，高级宴会人均消费起点标准，大型宴会消费金额起点标准；宴会菜肴、饮料的价格；宴会菜肴的内容，各类宴会的菜单和可变换、递补的菜单；不同费用可供选用的酒单；有无宴会中主要菜点和名酒介绍及实物彩色照片；不同费用标准的宴会，饭店可提供的服务规格及配套服务项目；饭店所能提供的所有配套服务项目及设备；有无中西餐宴会、酒会、茶会的场地布置、环境装饰和台型布置的实例图；宴会预订的收费规定；提前、推迟、取消预订宴会的有关规定等。

### 3.订餐的正式确认

虽然在订餐时预订人员已经记下客人所有的要求，但是客人日后可能变卦仍是一个潜在的问题。所以，对于大型宴会，酒店预订人员还会再将双方所同意的事项记录在合同书上并请订餐方签字，以保障订餐方与酒店自身的权利。

### 4.订餐的变更与取消

(1)订餐的变更：由于种种原因，数月前甚至几小时前订的餐都可能会有所变更。如对宴会细节稍做修改、参加人数的增减、台型的改变等；饭店方面的情况有时也会发生变化。为适应这种临时变更，订餐人员应及时与酒店有关人员确认订餐的相关事项，将发生错误的可能性降至最低。无论用电话还是面谈，对已预订的宴会或其他活动进行更改时，态度要和蔼、真诚，并说明更改的项目、原因。同时尽快将信息传递给所邀请的客人，并向客人表示歉意。

(2)订餐的取消：预订餐位时，餐厅一般会要你一个联系电话，这也是餐厅为避免损失所采取的必要措施。如果由于某种原因你不能准时到达时，不妨通知餐厅一下，否则他们不知你还来用餐，让出你的餐位也是常规做法。一般应在迟到将会超过一刻钟时用电话告知餐厅，并请他们为你保留桌位。如因情况变化不能履约前往用餐，一定要主动明确告知餐厅你取消用餐，而且越早越好。这样能表现出你替餐厅考虑，下次订餐时也许会给予你方便。为了保证宴会预订的确认，饭店通常会要求已确定日期的顾客预付一定数量的订金，一般大型宴会的订金为总费用的10%～15%。如果顾客超过酒店规定的期限取消预订，订金将不予返还，如果对方与酒店有良好的信用关系或经常在该酒店举办宴会，则不必付订金。

## 宴请时间的选择

订餐时，宴请时间可根据主办方的实际需要而定，但也应该根据客人的活动妥善安排，同时还应考虑参加人员的风俗习惯。依照礼仪惯例，安排中餐，尤其是中餐宴会的具体时间要兼顾以下几个具体问题：

**1.考虑宴请的对象和事由**

宴请时间的确定，有时可按主人需要安排，如企业开张、友人聚会等；有时可随客人因素决定，如接风送行等；有时则应考虑主客人都方便的时间，如商业聚会等。多数宾客能来参加宴会是确定宴会时间的准则，尤其要考虑主要宾客最合适的时间。

在绝大多数情况下，确定正式宴请的具体时间主要遵从民俗惯例，不要选择重大的节假日、对方有重要活动或有禁忌的日子和时间。例如，邀请中国同胞不要安排在中秋节、除夕夜；宴请外宾时，宴会日期最好不要订于周末或假日。

另外，邀请异性就餐，最好是午餐而不是晚餐。

**2.主随客便**

在决定社交聚餐的具体时间时，主人不仅要从自己的情况出发，更要讲究主随客便，即要优先考虑被邀请者尤其是主宾的实际可能，切勿对此不闻不问，勉强从事。如有可能，应先期与主宾协商一下，力求两厢方便，达成一致。至少也要尽可能地为之多提供几种时间上的选择，以显示自己的诚意。

**3.千万不要忽略早餐**

根据人们的用餐习惯，中餐依照用餐的具体时间的不同，可以分为早餐、午餐、晚餐三种。至于在宴请他人时，究竟应当选择早餐、午餐还是晚餐，不好一概而论。选定了日期，具体时间则可双方协商。中国人的宴请多选择午餐或晚宴，而往往忽视了早餐，认为早餐宴请不正式，对客人不尊重。其实，早餐宴请效果成功与否，与地域和宴请的性质有关。例如，举办正式宴会通常会安排在晚上；因工作交往而安排工作餐大都选择在午间；而在广东、海南、港澳地区，亲朋好友聚餐，则多选择"饮早茶"。邀请广东人洽谈生意，若选在茶楼喝早茶，可能效果更好。

西方国家的老总也喜欢早餐。在请客吃饭这件事上，早餐是级别最高的宴请，通常只有名列财富500强的跨国大公司总裁才会把重要的商业约会安排在早餐时间。此外，早餐既不显铺张，人也都有精神，谈起事来简单明快。

**4.适当控制用餐时间**

对于用餐时间，有必要加以适当控制。在安排宴会时，主人更要注意此点，既不能匆匆忙忙走过场，也不能拖拖拉拉地耗时间。一般认为，正式宴会的用餐时间应为1.5～2小时，非正式宴会与家宴的用餐时间应为1小时左右，而便餐的用餐时间仅半小时左右。一个谈判周期，宴请安排3～4次为宜，即接风、告别各1次，中间1～2次视谈判周期而定。

## 订餐地点的选择

在社交聚餐时，用餐地点的选择也是非常重要的。饭店的远近、交通便利程度、服务态度、可供挑选的食物的质量、品种、卫生和价格；饭店的设施、装饰、服务项目、营业时间，这些都是用餐地点选择应考虑的因素。

**1.环境幽雅**

对现代人来讲，宴请不仅仅是为了“吃东西”，而且也讲究重环境，即“吃文化”。要是用餐地点档次过低，环境不佳，即便菜肴再有特色，也会令宴请效果大打折扣。因此，在可能的情况下，一定要争取选择清静、幽雅的用餐地点。

这里所说的环境既包括宴会举办场地的自然环境(如湖边、闹市、船上等)，也包括宴会地点的建筑环境(如酒店建筑风格、餐厅装修特点等)，同时还包括宴会举办场地——餐厅的大小，空气状况和环境布置等。

(1)宴会地点的自然环境：宴会虽然是在餐厅里举行的，但每一个餐厅或酒店却是融于特定的自然环境之中。不同的自然环境对宴会主题、进餐者心理、宴会效果等都会带来一定影响。良好的环境气氛可以增强人在宴饮时的愉悦感受，使宴饮效果锦上添花。

(2)餐厅建筑风格：我国的餐厅根据其风格的不同，主要有宫殿式、园林式、民族式、现代式(或称西洋式)、综合式五种格式。其中，园林式餐厅又可分为园林中的餐厅、餐厅中的园林、园林式餐厅三种类型。此外，还有一种移动式餐厅，如飞机、火车、轮船、高楼旋转餐厅等。一般来说，一个酒店餐厅的风格在一定时期内基本上是定型了的。举行宴会时要根据其主题和与宴者的审美心理，选择合适的餐厅与之相匹配。

⑶宴会场地环境：它对与宴者产生最直接的影响，主要由场地大小和虚实、室内陈设和装饰、餐厅灯光和色彩、场地卫生、室内空气质量与温度等因素构成。

**2.卫生良好**

外出用餐时，人们最担心的就是“病从口入”的问题。所以确定社交聚餐地点时，一定要看其卫生状况如何。倘若用餐地点脏乱，不仅卫生问题令人担忧，而且还会破坏用餐者的食欲。

**3.设施完备**

确定较为正规的社交聚餐的用餐地点时，还需注意其设施是否完备。具体来说又分为两个方面的问题：一是应有的设施是不是有，二是已有的设施能不能用。

**4.交通方便**

选择用餐地点时，交通方便与否也要高度加以关注。要充分考虑聚餐者来去交通是否方便，有无停车场所，有无公交线路通过此处，是否有必要为聚餐者预备交通工具等一系列具体问题。

**5.其他应注意的事项**

⑴官方正式、隆重的宴会一般应安排在政府的宴会场所或客人下榻的酒店内举行。

⑵举行小型正式宴会，宴会厅外应另设休息厅(又称等候厅)，供宴会前宾主简短交谈用，待主宾到达后一起进宴会厅入席。

⑶选择一处大家都喜欢的地点就餐，让聚会中的每个人都有宾至如归的感觉。

⑷请熟悉的人去不熟悉的饭店，请不熟悉的人去熟悉的饭店。对熟人(包括家人朋友)，可以去以前没去过的饭店尝尝鲜、探探路，熟人在一起就

不必拘束，可畅心问价、调换等。而请不熟悉的和重要的客人则要求对饭店的菜点、服务质量等了然于胸，这样才能更好地为请客的目的服务，因此要去一个熟悉的饭店。

## 成功订餐的八大秘诀

秘诀一：根据所掌握的信息，尽量选择开店时间久，卫生、饭菜质量、信誉、服务口碑较好的酒店。如果不是看准了某家的特色菜非吃不可，最好就近选店。

秘诀二：不要全信媒体广告。人们“订餐”一般都是根据媒体广告来决定到哪家去吃，但由于商家的广告更多都是推出自家的主打菜肴，而消费者通过广告并不能真正了解订餐之后到底能吃到什么。如果是凭传媒广告介绍做选择，一定要看清饭店的方位以及“硬件”与“软件”如何。尤其是要了解饭店的推荐菜单，即商家推出的招牌菜和主打菜，以便吃时“心中有数”。

秘诀三：订餐时尽管大胆地提出你的要求和建议。订餐的目的是为了做到心中有数，最后双方满意，但现在很多以家庭为单位的消费者订餐时只是被动地询问，甚至简单到就是和饭店打个招呼。这样的结果往往是要么一听不合适扭头就走，要么委曲求全，花钱买遗憾。而事实上，大饭店的菜单再精美也并非一成不变。套餐中的菜品不合口味可以变换甚至删减、添加。当然，这就要求消费者清楚，你的想法该跟谁说。

秘诀四：一定要仔细询问酒家提供的宴席种类、收费标准和可供宴请的人数。具体到菜肴，要询问菜种、菜价、菜量以及主食、饮品等，以便对大致的开销心中有数，免得到时难堪或“挨宰”。

秘诀五:10人以上的订餐找餐饮销售部是最明智的选择。这个部门不仅对饭店中各餐厅的情况非常了解,能为你提出好的建议,而且他们还在一定程度上掌握着变通的权力。所以,找对部门是你去饭店订餐的重要技巧。

秘诀六:在饭店餐饮消费中,利润最大的是酒水。大多数星级饭店对企业自带酒水是不允许的,但到了普通百姓这儿却往往是可行的,比如全家团聚,白酒、红酒可以自带,只不过这层“玻璃纸”哪家酒店也不愿大张旗鼓地去捅破。

秘诀七:最容易让消费者吃亏的就是价格。由于消费者不了解情况,而一些缺少诚信的商家在某种程度上又刻意模糊价格,结果消费者在和全家人高高兴兴吃饭的同时不经意地吃掉了大把的“血汗钱”。所以在订餐时,一定要把价格谈好,无论是节日特价还是平常价,都应该尽量写在相应的凭证上。即使不是订餐,也要事先问清楚菜价,因为在节日期间,一些饭店的菜价很有可能远远高于平时。

秘诀八:要不要看看“样餐”?订餐可不像“订货”。人们要买家具可以到家具城慢慢逛,选好样式再定制。订餐可就不同了,时下没有哪家酒楼每天都把一桌“家宴”摆在橱窗里当作“样品”。但老百姓确实需要一些直观的了解,因为菜名千奇百怪,有几个老百姓是深谙其道的美食专家呢?

**第五章**

# 体面赴宴：让你的形象为你增值

在社交活动中，人们常常根据对方的外貌、举止、谈吐、服饰等表面特征做出初步评价和形成某种印象，即第一印象。这种人际认知的第一印象对人际交往的成败和人际关系融洽与否起着重要作用。在你踏进宴会场合的那一步，别人就已经开始对你进行评判了：着装是否得体、见面礼是否诚挚、赠送的礼品是否够档次，都成为别人给你打分的标准。不管以什么身份赴宴，只要具有良好的餐饮礼仪，自然会塑造出良好的个人形象或组织形象。

# 赴宴时服饰色彩的选择与搭配

收到邀请并决定赴宴后，选择和宴会相匹配的得体的服饰会为你提供一些交谈和拉近距离的话题。因为在赴宴者的视野中，衣服或者饰品的搭配是他们在宴会上能够看到的风景之一，和谐的富于美感的衣物和饰品的色彩会通过人的感官引起多重反应，故而对宴会的效果起到锦上添花的作用。机智的赴宴者也许会以此为契机，增进彼此的了解，加深合作关系。

**1.服饰的色彩**

从视觉效果上讲，服装的色彩在人们的直觉中是最领先、最敏感的。服饰的色彩主要包括：

白色——白色是一种纯净、祥和、朴实的色彩，给人以明快、无华的感觉。

红色——红色最能引起人们的兴奋和快乐情感，对人的感官刺激十分强烈，凸显使穿着者的朝气、青春与活力。

紫色——紫色是一种华贵、充盈的色彩，它给人以高雅脱俗的感觉。

橙色——橙色是一种明快、富丽的色彩，它能引起人们的兴奋和欲求。

黄色——黄色是一种过渡色，能使兴奋的人更兴奋，活跃的人更活跃。同时，也能使焦虑、忧郁者更加焦虑和忧郁。黄色对人的感官刺激也十分强烈。

灰色——灰色是一种柔弱、平和的色彩，给人以平易、脱俗、大方的感觉，是服装色彩中最文雅、最能给人以平易近人印象的色彩之一。

蓝色——蓝色是一种比较柔和、宁静的色彩。它对人的眼睛的刺激较弱，由于它能使人联想到天空和海洋，因而会给人以高远、深邃的感觉。

绿色——绿色是一种清爽、宁静的色彩，它能使人联想到青春、活力与朝气，使穿着者更显年轻、朝气蓬勃。

黑色——黑色是一种稳重肃穆的色彩，它能使人产生凝聚、威严、阴森、恐怖等不同感觉。

色彩不仅能给人以不同的联想，有不同的象征意义，而且能让人从色彩感觉中产生冷暖、轻重等感觉。例如，红、黄、橙等能让人产生温暖的感觉，蓝、绿、白等色彩则使人产生冷的感觉。于是，人们利用这种现象，习惯在冬天穿暖色调的衣服，在夏天穿冷色调的衣服。而且，暖色调的衣服具有扩散的特性，冷色调的衣服具有收缩的特性，因此，体形瘦小的人喜欢穿着色彩明度较高的浅色服装以显得丰满，而体形肥胖的人则乐于选用色彩明度较低的深色服装以显得苗条。

**2.色彩的搭配**

如今的服装很少是单一色彩的，而是采用多种颜色相互交错、辅助、点缀等方式搭配而成。搭配之后的色彩引起的观察者的心理效应与单色有明显不同。服装的色彩搭配是很有学问的，掌握色彩搭配的方法对于参加宴会的人更是大有裨益。色彩搭配的基本方法有以下三种：

(1)主辅搭配。即以一种色彩为整体基调，适当辅之以其他色彩。运用这种搭配法首先应充分考虑主辅关系，不能“喧宾夺主”；其次，要考虑主辅色调的对比效果，鲜明而又不要过于刺眼；最后，辅助色彩的位置安排要充分顾及自己的体型和长相，注意扬长避短。

(2)同色搭配。即把同一种颜色按深浅不同进行搭配，以造成一种统一、和谐的审美效果。这种方法应掌握的原则是同色间的过渡较为自然，不要太生硬，明度差异不要太大，以免给人以断裂失衡的感觉。

(3)相似搭配。是指用色谱上相邻的颜色进行搭配的方法。这种搭配色彩差异较大而富于变化，使服装显示出动感与活泼之气。但是，搭配的难度比较大，讲究更多一些。

和谐是美，以上搭配都应把握和谐的尺度。选择服饰还应考虑到自己的肤色，选择适当的服装色调，以达到让服装色调与肤色相映生辉的效果。

## 男士赴宴着装应注重整体搭配

在正式的社交场合中，服饰被赋予了更多的内容。它不仅是一块“遮羞布”，而且传达着很多的信息，比如个人的品位、性格、态度。商务宴请当然不是为了吃饭而吃饭，它作为人际交往的平台，是展现个人修养的舞台，而服饰则可以看作舞台上的“戏服”，如何着装直接对你的角色进行了定位。作为一位男士，如果应邀参加一次商务宴请活动，你将如何着装？

**1.西装**

目前，西装是当今最常见、最标准、男女皆宜的礼服。男士选择西装以宽松适度、平整、挺括为标准。西装最大的特点是简便、舒适，能使穿着者显得稳重高雅、自然潇洒。西装与衬衫、领带、皮鞋、袜子、裤带等是一个统一的整体，只有彼此间统一、协调，才能衬托出西装挺括、飘逸、光彩夺目的美感。西装在大多数情况下成为赴宴者和宴请者的第一着装选择。

西服上衣一般不能与其他裤子搭配着穿。在颜色的选择上，藏青色、灰色和铁灰色是象征权力的颜色，普蓝色意味着友善，而精致的细条纹图案则可以为你的服装增添一些情趣和变化。

2.领带

领带的下端应长及皮带上下缘之间或不短于皮带的上缘。领带与西服的颜色要互相衬托，而不要完全相同，暗红色、红色和藏青色可以用作底色，主要的颜色和图案要精致，不抢眼。最好选择真丝面料，优雅且四季皆宜。图案可选择小巧的几何印花和条纹，带有柔和图案的涡旋纹面料也是不错的选择。

衬衫、领带与西装三者的搭配要和谐。西装和领带的花纹不能重复。如果衬衫是白色的，西装是深色的，那么领带就不能是白色的，而应是比较明快的颜色；如果衬衫是白色的，西装的颜色朴实淡雅，领带就必须华丽、明快一些。当然，除了衬衫、领带、西装的色彩协调应充分考虑外，这三者的色彩关系还应该结合穿着者的肤色、年龄、职业、性格特征等加以选择。

3.腰带

腰带应是真皮材质，颜色应为黑色、棕色或暗红色。皮带的颜色应与鞋相配，皮带扣的造型要简洁。背带裤子是可接受的。

4.袜子

赴宴穿着深色西装，则袜子选择深色为宜，或者是西装和皮鞋之间的过渡色。袜子的颜色宜选与长裤相配或相近的。而穿黄褐色裤子时例外，这时袜子应与鞋相配。穿黑皮鞋一般选择黑色袜子。袜子要长及小腿中部，尼龙袜或薄棉袜均可。如果穿着棉毛裤，应该用袜子覆盖住可能会露出来的腿脚部分，防止看上去邋里邋遢。

5.鞋

“西装革履”常用来形容一个人的正装打扮。出席宴会一般应穿皮鞋，不能穿凉鞋球鞋或旅游鞋，除非请柬上有服饰指示是便服。首先，选择皮鞋以黑色系带的为上乘；其次，可以选择深咖啡色皮鞋。鞋的颜色不应浅于裤子。黑皮鞋可以配灰色、藏青色或黑色西服，深棕色的鞋配黄褐色或米色西服的效果是不错的。最后必须提醒的是，皮鞋的鞋面一定要整洁光亮。

**6.手表和手帕**

手表是衣着的重要饰品之一，出席宴会穿着西装时，一般佩戴方形手表较为适宜。西装手帕是正式场合的装饰之物，男士的装饰手帕一般是白色的。

**7.手提箱和钱包**

手提箱应是皮质的，颜色为棕色、黑色或暗红色均可。最好把钱包放在西服上衣前内侧的口袋里。如果钱包放在裤子后面的口袋里，会影响西服的穿着效果。

## 女士赴宴需注意的仪容细节

着装是餐桌礼仪中的重要一环。婚宴、单位内部的聚餐活动、商务宴请等不同类型的活动，都有特别的着装要求，过分随便或过于造作都是不合时宜的。

女性一般比男性注重外表修饰，尤其在正式场合，基本的搭配无须多言。但是，女士在商务活动中，在仪容仪表方面还有一些细节需要特别注意。

**1.服装**

若是公司同事所参加的晚宴，除了注意邀请函上是否有服装要求外，还应尽可能地了解主人的衣着品位层次以及参与宴会的上司的可能穿着。如此，自己才可能做出适宜的打扮，千万别随兴而至，或抢了主人的身份和上司的风头，或因太随便而失礼。

若是一般朋友聚餐或普通邀宴，可以穿着较柔和的套装或亮丽浪漫的服装，再搭配合宜而具女性风格的手提包，以营造温馨亲切的聚餐气氛。

如果是参加喜宴，新人当然应以着大礼服的主角身份出席，而双方父母则是第二主角，自然也应以正式宴会服出现。女士以中式旗袍装或组合式长裙式样的宴会装为主，由于要佩戴主婚人的胸花，所以其他饰品的选择要以造型简单、多不如巧为原则。若平时非常喜欢穿暗色或中性色彩服装，此时就要特别挑选一些富有喜气的暖色调衣服，如枣红或砖红，这样既不会喧宾夺主，又非常适合当时的气氛。

女士出席商务宴请着装时需要注意干净整洁。着装时要严格区分职业套装、晚礼服及休闲服，它们之间有着本质差别。出席正式商务活动时，无领、无袖、太紧身或者领口开得太低的衣服应尽量避免。裙子长度适宜。穿与肤色相仿的丝袜，且无破洞(要带有备用袜)；丝袜的长度一定要高于裙子的下摆。皮鞋应尽量避免鞋跟过高或过细。全身衣裳和配饰的颜色应限制在三种以内。

席间，无论天气如何炎热，女士都不能当众解开纽扣脱下外衣。

**2.发型**

女士的发型应该保持高雅、庄重，梳理整齐，长发要用发卡夹好，不扎马尾辫。需要特别注意的一点是，女士在选择发卡、发带的时候，其式样应庄重大方。

**3.饰品**

对女士来说，除了合宜的服装、适当的彩装之外，饰品搭配也是相当重要的。例如皮包应精致、小巧。宴会包的巧妙搭衬绝对是增添整体魅力不可缺的重点。然而，各式各样炙手可热的包款该如何选择呢？

犹如糖果一般的亮丽银色，花瓣在包面盛开，奢华中带着性感可爱的氛围；大蝴蝶结装饰成的礼盒式包身，丝绒包袋配上流星般的包链，呈现出不一般的华丽感；黑色漆皮提包简约流畅的线条和质感，呈现出优雅别致的时尚美感；华丽的金色，复古的水晶装饰包身，呈现出一派高贵典雅的风情……

4.化妆

女士参加宴会要适当化妆，这样显得隆重、重视、有气氛。因为酒席多半是在晚上举办，因此浓妆比较适宜。女士在正式的商务场合面部修饰应该以淡妆为主，不应浓妆艳抹，也不能素面朝天。头发要梳理整齐。不宜涂过浓的香水，以免香水味盖过菜肴的味道。

## 宴会着装必须兼顾的五个方面

着装，即指服装的穿着。严格地说，它既是一门技巧，更是一门艺术。站在礼仪的角度上来看，适宜的着装不仅符合宴会的礼仪要求，更能折射出人们的教养与品位。

依照社交礼仪，出席宴会时着装要适宜，进而做到品位超群，就必须兼顾其个体性、整体性、整洁性、文明性和技巧性。

1.个体性

正如世间每一片树叶都不会完全相同一样，每一个人都具有自己的个性。在着装时，既要认同共性，又不能因此而泯灭自己的个性。着装要坚持个体性，具体来讲有两层含义：第一，着装应当照顾自身的特点，做到“量体裁衣”，使之适应自身，并扬长避短。第二，着装应创造并保持自己所独有的风格，在允许的前提下，着装在某些方面应当与众不同。切勿穷追时髦、随波逐流，使个人着装毫无特色可言。

### 2.整体性

正确的着装，应当基于统筹的考虑和精心的搭配。各个部分不仅要“自成一体”，而且要相互呼应、配合，在整体上尽可能显得完美、和谐。若是着装的各个部分之间缺乏联系，哪怕再完美也毫无意义。着装要坚持整体性，重点是要注意两个方面：其一，要恪守服装本身约定俗成的搭配方法。例如，穿西装时应配皮鞋，而不能穿布鞋、凉鞋、拖鞋、运动鞋。其二，要使服装各个部分相互适应，局部服从于整体，力求展现着装的整体之美和全局之美。

### 3.整洁性

在任何情况下，人们的着装都要力求整洁，避免肮脏或邋遢。着装的整洁性应体现于下述三个方面：首先，着装应当整齐。不能又折又皱，不熨不烫。其次，着装应当完好。不应又残又破，乱打补丁。至于成心自残的“乞丐装”，在正式场合亦应禁穿。再次，着装应当干净。不应存在明显的污渍、油迹、汗味与体臭。

### 4.文明性

在日常生活里，不仅要做到会穿衣戴帽，而且要努力做到文明着装。着装的文明性要求是文明大方，符合社会道德传统和常规做法。具体要求，一是忌穿过于暴露的服装。在正式宴会场合，袒胸露背、暴露大腿、脚部和腋窝的服装切忌穿着。在大庭广众之下打赤膊，则更在禁止之列。二是忌穿过透的服装。倘若使内衣、内裤“透视”在外，令人一目了然，昭然若揭，当然有失检点。而不穿内衣、内裤则更要禁止。三是忌穿过短的服装。不要为了标新立异而穿着小一号的服装。更不要在正式场合穿短裤、小背心、超短裙这类服装。它们不仅会使自己行动不便，频频“走光”“亮相”，而且也失敬于人，使他人多有不便。四是忌穿过紧的服装。不要为了展示自己的线条而有意选择过于紧身的服装，把自己打扮得像个“性感女郎”，更不要不修边幅，使内衣、内裤的轮廓在过紧的服装之外隐约可见。

**5.技巧性**

不同的服装有不同的搭配和约定俗成的穿法。例如，穿单排扣西装上衣时，两粒纽扣的要系上面一粒，三粒纽扣的要系中间一粒或是上面两粒。女士穿裙子时，所穿丝袜的袜口应被裙子下摆所遮掩，而不宜露于裙摆之外。穿西装不打领带时，内穿的衬衫应当不系领扣，等等。这些都属于着装的技巧。着装的技巧性，主要是要求在着装时要依照其成法而行，不可以另搞一套而贻笑大方。

## 赴宴前如何选择饰品

赴宴者应当根据宴会的性质、宴会场合的情感需要以及自我身份、职业、体型等选择合乎礼仪的着装，选配适当的饰品。

现代饰品主要有戒指、耳环、项链、帽子、墨镜、手袋等。合适的饰品、正确的佩戴方法对于表现赴宴者的个性特点、增添个人魅力发挥着重要作用。

**1.帽子的选择与佩戴**

帽子是现代女性的主要饰物之一。选择帽子要注意款式，但也应该注意其色彩、大小、高矮与自己肤色、体型、身材的配合，以达到扬长避短的效果。

一般来说，参加各种宴会及上门做客，进入会场或主人家里都应该脱帽，并放在合适的位置。

**2.墨镜的选择与佩戴**

有的赴宴者习惯戴墨镜。戴墨镜可以抵挡阳光，保护眼睛不受伤害，而且会平添几分神秘感和魅力，给人以严肃、神气、深沉之感。颜色款式适宜的墨镜对人的脸部肤色有很强的烘托作用。

但是，参加室内宴会或室外宴会都不宜佩戴墨镜。如有特殊情况需佩戴墨镜，比如，赴宴者患有眼病，应该向主人或客人说明并致歉意，在与人握手、交流时应将墨镜摘下，离别时再戴上。

**3.耳环的选择**

耳环是女性的重要饰品之一。美观大方的耳环可以提升人的气质和风度。耳环的种类有很多，其材质常见的有钻石、金银、珍珠等；其形状各异，有圆形、方形、三角形、菱形以及各种异形；耳环的大小不一，色泽也是五颜六色。

赴宴者选择耳环主要应当考虑自已的脸型、头型、发式、服饰等因素。比如，长脸型，特别是下颌较尖的脸型应佩戴面积较大的扣式耳环，以便使脸部显得圆润丰满。另外，耳环的色彩应与服饰色彩和肤色相协调。

**4.戒指的选择与佩戴**

戒指，女性可以佩戴，男性也可以佩戴。戒指不仅是重要的饰物，戴在不同的手指上所表达的信息也有差别。

戒指就质地而言，有钻石、珍珠、金银等多种，形状、大小、色彩各异。佩戴戒指时最需要注意的是弄清楚应将戒指戴在哪只手的哪根手指上。一般无论男女，戒指在相同手指上的含义是：戴在中指上，表示已正式订婚或已结婚；戴在小指上，表示誓不婚恋，笃信独身主义；偶尔也可见有人中指和无名指同时戴着戒指，表示已婚并且夫妻关系很好。

据此，赴宴者一定要注意区分，以便了解其他赴宴者，避免失礼。

**5.项链的选择**

项链可以装饰女性的颈项、胸部，使女性更具魅力和性感，而且能使佩戴者的服饰更显华丽。

制作项链的原料很多。按其质地、价值和审美效果而言，有名贵、高雅的珍珠，富贵华丽的金银，古朴神秘的景泰蓝，妩媚柔美的玛瑙、象牙，朴实活泼的贝壳等。选配项链时，要考虑自己的体型、脸型、脖子的长度以及衣服的颜色等。

**6.女性小手提包的选择**

女性小手提包是女性出席宴会的重要饰物。精美的小手提包使人赏心悦目，可以在动态中显示出独特的魅力，自古以来就受到高雅女性的青睐。小手提包的面料多种多样，如金属、漆皮、塑料、串珠、刺绣、抛光的布制品等。款式有可以拿在手中的小皮包型或手提型。选择手提包的原则是小巧、新颖、别致、协调、装饰性强。

轻便小袋与小手提包的区别是前者稍微大一点，带子长一点，可以挂在肩上，既美观又实用，是女性出席一般宴会的饰物之一。轻便小袋的款式也很多，选择时应以轻便、灵巧、与衣饰色彩协调以及有一定的实用性为原则。

## 把握宴请中的体态语言

仪态亦称为体态，是指现代商务宴请中最基本的礼仪行为。仪态包括人的站姿、走姿、坐姿、手势及表情等。人们除了用语言表达思想感情外，肢体行为本身也可以传达出种种信息，即有很多情感和心理是通过最基本的礼仪行为表现出来的。在宴请中，这种行为语言的效果是其他语言艺术所无法比拟的。

**1.站姿**

站立是日常生活中正式或非正式场合第一个引人注目的姿态。优美、优雅的站姿能衬托出人的良好气质和风度。站姿的基本要求是：抬头，两眼平视前方，嘴唇微闭，面带微笑，下颌微收；放松双肩，稍向下压；挺胸、收腹、立腰；双臂自然下垂于身体两侧，双腿直立，两膝和两脚后跟要靠紧。相反，一个人站立时的不良姿态表现为：身体僵直，胸部外凸，板腰；垂肩，脊柱后凸，腹部鼓起；胸部下凹及垂肩，脊柱侧凸。此外，缩头探脑，佝偻双肩，双腿弯曲颤抖等。这些站姿都会给人留下不良印象。

无论男性还是女性，站立姿势表现得挺、直、高，便体现出了基本的美感。就男性来说，站立时身体各主要部位舒展，头不下垂，颈不扭曲，肩不耸，胸不含，背不驼，髋、膝不弯，这样他就做到了"挺"。站立时脊柱与地面保持垂直，在颈、胸、腰等处保持正常的生理弯曲，颈、腰、背后肌群保持一定的紧张度，这样他就做到了"直"。站立时身体重心提高，并且重点放在两腿中间，这样他就做到了"高"。就女性来说，站立时头部微低，显示了她的温柔之美；挺胸，不仅使她显得朝气蓬勃，而且让人觉得她是个自信的人；腹部微收，臀部放松后凸，表示她很在意女性的曲线美。

**2.坐姿**

正确的坐姿给人以端庄、稳重的印象，使人产生信任感。入座时要轻要稳：走到座位前，转身后轻稳地坐下。人的正常坐姿，在其身体背后没有任何依靠时，应是上身正直而稍向前倾，头平正，两臂贴身自然下垂，两手自然地放在大腿上，两腿间距和肩宽大致相等，两脚自然着地。背后有依靠时，在正式宴会场合也不能随便向后仰靠，显出很懒散的样子。

"坐如其人。"一个人的坐姿也是其素养和个性的体现。得体的坐姿可以塑造赴宴者的良好形象，而错误的坐姿，则会给人一种粗俗、没有教养的印象。

# 第六章

# 相互介绍：宴请交际第一关

“介绍”是人与人相互交往的第一座桥梁，是拓展人际关系的第一步。从认识、握手到交换名片，如果每一个细节都能把握好，将会使你在任何宴请场合中都能完美地展示良好的交际风度。商务礼仪中的称呼是至关重要的，它是进一步交往的敲门砖。握手是日常交往中最常用的礼节，虽然只有几秒钟的时间，但决定了别人对你的态度，因此忽视不得。交换名片虽是人际交往中的小细节，但也有一些必须遵循的礼节，否则你给人的第一印象就会大打折扣。馈赠是社交活动的重要手段，只有在明确馈赠目的和遵循馈赠基本原则的前提下，才能真正发挥其在交际中的重要作用。

## 正确的称呼体现尊重

无论是商务交往还是日常交往，正确称呼别人是起码的礼仪。称呼，也叫称谓，指的是人们在日常交往中所采用的彼此之间的称谓语。在人际交往中，选择正确、适当的称呼，反映着自身的教养、对对方尊敬的程度，甚至还体现着双方关系发展所达到的程度和社会风尚，因此称呼不能随便乱用。

在商务交往中，使用称谓应当谨慎，否则稍有差错便会贻笑大方。恰当地使用称谓，是商业交往顺利进行的第一步。称呼的基本规范是要表现出尊敬、亲切和文雅，使双方感情融洽，缩短彼此之间的距离。

**1.中国人的习惯称呼**

(1)职务性称呼。对于具有职称者，尤其是具有高级、中级职称者，在工作中直接以其职称相称，以示身份有别、敬意有加。这是一种最常见的称呼方法。这类称呼分为三种：直接称呼职称、在职称前加上姓氏、在职称前加上姓名(适用于极其正式的场合)。例如，直接称呼职称："教授""律师""工程师"等；可以在职称前加上姓氏："张教授""王研究员""刘工程师"，有时可以简化，如将"刘工程师"简化为"刘工"，但使用简称应以不发生误会、歧义为度；可以在职称前加上姓名："赵仲三编审""吴少平教授"等。

(2)职业性称呼。在工作中，有时可按行业称呼。对于从事某些特定行业的人，可直接称呼对方的职业，如老师、医生、会计、律师等，也可以在职业前加上姓氏、姓名。

⑶性别性称呼。对于商界、服务性行业从业人员，一般约定俗成地按性别不同分别称呼“小姐”“女士”或“先生”。“小姐”是称未婚女性，“女士”是称已婚女性。

⑷姓名性称呼。同事、同学关系，平辈的朋友、熟人，均可彼此之间以姓名相称，例如“王小丫”“李永”等。长辈对晚辈也可以如此称呼，但晚辈对长辈却不可这样做。为了表示亲切，可以在被称呼者的姓氏前分别加上“老”“大”“小”字相称，而免称其名。例如，对年长于己者，可称呼“老周”“大李”；对年轻者，可称“小邢”“小刘”，这种称呼在职业人士中常见。对同性朋友、熟人，若关系极为亲密，可以不称其姓而直呼其名，如“艾民”“天天”等。对于异性一般则不宜这样做。

**2.西方人的习惯称呼**

在国际交往中，因为国情、民族、宗教、文化背景的不同，称呼亦千差万别。把握国际交往中的称呼，一是要掌握一般规律，二是要注意国别差异。

⑴对认识之人的称呼：对于自己已经认识的人，多以“Mr”“Ms”或“Mrs”等加在姓氏之前称呼，如Mr Chang、Mrs Huang等，千万不可以用名代姓。以美国国父乔治·华盛顿为例，人们一定称之为华盛顿总统、华盛顿先生，因为这是他的姓。

⑵对重要人物的称呼：对于重要人物，称呼时最好加上他的头衔，如校长、大使、参议员、教授等，以示尊重。当然也如前述，是以头衔之后加上全名或姓氏称呼之。

一般而言，有三种人的头衔是终身适用的。这三种人是：大使(Ambassador)、博士(Doctor)以及公侯伯子男皇室贵族爵位。在称呼他们时一定要加头衔，否则表示十分不敬，甚至被视为羞辱，务必谨慎小心。

⑶对陌生人的称呼：可以“Sir”和“Madam”称呼之。有不少人一见外

国人就称“Sir”，这是不对的。这种称呼只有对看起来明显十分年长或是虽不知其姓名但显然是十分重要的人士才适用。当然，面对正在执行公务的官员、警员等，也可以“Sir”称呼以表尊敬。而对于女士则可一律以“Madam”称呼之，不论她是否已婚。

(4) 对年轻人的称呼：年轻男士可以称之为“Young man”，年轻女士则可称为“Young lady”，小孩子可以昵称为“Kid(s)”，较礼貌的称呼是“Young Master”。在此，“Master”并非主人之意，有点类似国语的“小王子”之类的称呼。

## 打招呼时要注意什么

打招呼就是向对方说一些表示良好祝愿或欢迎的话。对他人亲切地问候，是增加生活乐趣的一种礼仪形式；对熟人不问候，或者不回答别人对你的问候，都是很失礼的行为。在餐厅见面，打招呼最简单的话是一声“早上好”“上午好”“晚上好”或“您好”等。对不熟悉或者匆匆而过的人，都可以这样打招呼。打招呼时应注意以下事项：

**1.初次见面要注意称呼**

初次与人见面时，要称呼姓氏加职务，要一字一字说得特别清楚，比如：“王总经理，你说得真对……”如果对方是个副总经理，可删去那个“副”字；但若对方是总经理，不要为了方便把“总”字去掉而变为“经理”。

**2.关系越熟越要注意称呼**

与对方十分熟悉之后，千万不要因此而忽略了对对方的称呼，一定要坚持称呼对方的姓氏加职务(职称)，尤其是有其他人在场的情况下。人人都需要被人尊重，越是熟人越是要彼此尊重。如果熟了就变得随随便便，“老王”“老李”甚至用一声“喂”来称呼了，这样极不礼貌，令对方难以接受。

**3.称呼对方时不要一带而过**

称呼对方时要加重语气，称呼完了停顿一会儿，然后再谈要说的事，这样才能引起对方的注意，他会认真地听下去。如果你称呼得很轻又很快，有种一带而过的感觉，对方听着不会太顺耳，有时也听不清楚，就引不起听话的兴趣。所以，一定要完整地称呼对方，很认真、很清楚、很缓慢地讲出来，以显示对对方的尊重。

**4.避免错误的称呼**

在宴请活动中要避免称呼中常见的错误，这样才能做到交往有礼。常见的错误称呼有以下两种：

⑴误读。一般表现为念错被称呼者的姓名。比如“仇(qiú)”不能读成“chóu”，“查(zhā)”不能读成(chá)等，这些姓氏极易弄错。要避免犯此类错误，就一定要做好先期准备，必要时不耻下问，虚心请教。

⑵误会。指对被称呼者的年纪、辈分、婚否以及与其他人的关系做出了错误判断，从而使用了错误的称呼。

**5.避免禁用的称呼**

在社交场合禁用的称呼有以下几种：

⑴过时的称呼。有些称呼具有一定的时效性，一旦时过境迁，若再采用，难免贻笑大方。比方说，法国大革命时期人民彼此之间互称“公民”。在我国古代，称官员为“老爷”“大人”。

⑵不通行的称呼。有些称呼具有一定的地域性，比如，北京人爱称人为“师傅”，山东人爱称人为“伙计”，中国人把配偶、孩子经常称为“爱人”“小鬼”。但是，在南方人听来，“师傅”等于“出家人”，“伙计”肯定是“打工仔”。而外国人则将“爱人”理解为“第三者”，将“小鬼”理解为“鬼怪”“精灵”。

(3)不当的职业称呼。学生喜欢互称为“同学”，军人经常互称“战友”，工人可以称为“师傅”，道士、和尚可以称为“出家人”，这无可厚非。但以此去称呼“界外”人士则并不表示亲近，反而令人产生被贬低的感觉。

(4)庸俗低级的称呼。在人际交往中，有些称呼在正式场合切勿使用。例如“兄弟”“朋友”“哥们儿”“姐们儿”“死党”“铁哥们儿”等一类的称呼，就显得庸俗低级，档次不高。

(5)称呼绰号。对于关系一般的人，切勿自作主张给对方起绰号，特别是具有明显的侮辱性的绰号，例如“拐子”“秃子”“罗锅”“四眼”等，更不能说出。另外，还要注意，不要随便拿别人的姓名乱开玩笑。

**6.避免让人尴尬的称呼**

人们常常在初识时闹点称呼上的笑话。比如，对女人的婚姻状态把握不准，夫人称小姐倒无妨，若把小姐称为某夫人岂不尴尬。在社交场合中，对男子一般称先生，对女子称夫人、女士、小姐。已婚女子称夫人，未婚女子统称小姐，对婚姻状况不明的女子可称女士。

称呼对方时，还要遵循先上级后下级、先长辈后晚辈、先女士后男士、先疏后亲的礼仪顺序进行。

## 恰当的自我介绍扩充人脉

在许多社交场合，为了多结交一些朋友或有意接触某人，需要主动上前介绍自己，这就是自我介绍。第一印象很重要。在社交活动中，如欲结识某些人或某个人，而又无人引荐，如有可能，即可向对方自报家门，将自己介绍给对方。

在宴会接待中，恰当的自我介绍不仅可以扩大自己的交际圈，广交朋友，而且有助于进行必要的自我展示和自我宣传，并且有利于自己在人际交往中消除误会，减少麻烦。但进行自我介绍时必须注意以下几个方面。

**1.自我介绍要有特色**

富有特色、生动形象的自我介绍能够强化别人对你的印象，让人过耳不忘。你可以设计一套美丽生动的说辞，这样，再通俗的名字都可以化腐朽为神奇。利用名言、诗词，比单字的解释要传神。如姓何，说“人可何”太简略平淡，不如说“天涯何处无芳草”的“何”，既谐趣又生动有情……又如对故乡的介绍、年龄的透露等，也可利用特色多加发挥。生在重庆的，可说“我的故乡是潮湿多雾的雾都”；年龄30岁，可说“已届而立之年”。如果只粗略交代，平淡无奇，实在很难给人留下深刻的印象。

**2.仪态大方，表情亲切**

自我介绍时，介绍者就是当事人，其基本程序是先向对方点头致意，得到回应后再向对方报出自己的姓名、身份及有关情况。进行自我介绍时，举止、仪表应庄重大方，表情坦然亲切，面带笑容，眼睛注视对方；语言要热情友好，充满自信；语气要自然，语速要正常，语音要清晰。讲到自己时可将右手放在自己的左胸上，切忌慌慌张张、不知所措或满不在乎。

**3.选准时机**

当你与陌生人初次见面时，必须及时、简要、明确地做自我介绍，让对方尽快了解你。相反，见面时相互凝视半天，你仍沉默或前言不搭后语，对方会很不愉快，甚至会产生许多疑问，使之不愿意与你交往。当然，若对方正与他人交谈，或大家的精力正集中在某人、某事上，则不宜做自我介绍；而对方一人独处时进行自我介绍，则会产生良好效果。为了节省时间，做自我介绍时还可利用名片加以辅助。

### 4.繁简适度

做自我介绍时，根据不同的交往对象，内容应繁简适度。自我介绍总的原则是简明扼要，不要长篇大论，一般以半分钟为宜，情况特殊时也不宜超过3分钟。如对方表现出有认识自己的愿望，则可在报出本人姓名、工作单位、职务等的基础上，再简略地介绍一下自己的籍贯、学历、兴趣、专长及与某人的关系等。

如果已经引起对方谈话的兴趣，那么不妨多谈别人少谈自己，而把对自己的详尽介绍留在以后，留在双方已经建立了良好的友谊，对方有兴趣、有需要对你做更进一步了解的时候。

### 5.把握分寸

自我介绍时措辞要适当，既不要过分炫耀，也不要过分自我贬低，因为这两种做法要么让人觉得你大吹大擂，要么让人觉得你很虚假、不诚实。只有实事求是、恰如其分地介绍自己，才会给人以诚恳、坦率、可以信赖的印象。介绍用语要留有余地，不宜用“最”“极”“特别”“第一”等表示极端的词语。总之，自我介绍既要表现友好、自信和善解人意，又应力戒虚伪和媚俗。

## 如何为他人做介绍

在餐饮礼仪中，介绍的礼仪是相当重要的一环。因为人们在任何宴请活动中，都有可能接触到一些素昧平生的人。通过他人介绍，人们可以结识新朋友和新的合作伙伴，也可以为谋求新的职业打开门路，开始新的里程。

**1.介绍的顺序**

(1)先将男士介绍给女士：在介绍一男一女互相认识时，应先把男士介绍给女士，在介绍过程中，女士的名字应先提，然后再提男士的名字。如，“李小姐，我来为你介绍一位朋友，这是陈先生。”但有时也有例外。如果你要介绍一男一女认识，而男士的年纪比女方大很多时，则应该先将女士介绍给这位男士，以示尊敬长者。如，“张先生，让我介绍我的外甥女给你认识。”

(2)先将年轻者介绍给年长者：把年轻者引见给年长者，以示对前辈、长者的尊敬。比如：“李阿姨，这是我的表妹艳红。”“张伯伯，我请您认识一下我的朋友付廷民。”在介绍中，应注意有时虽然男士年龄较大，但仍然应先将男士介绍给女士。

(3)先将职位低者介绍给职位高者：介绍职位有高低差别的两个人互相认识时，应突出职位高者的地位，即先介绍职位低者，再介绍职位高者。比如：“王总，这位是××公司的总经理助理刘女士。”这里我们先提到的是王总经理，是因为我们认为王总经理的职位高于刘女士，因此尽管王总经理是一位男士，仍应先介绍刘女士。

若职位高低与年龄、性别有冲突，那么介绍规则仍应以职位为优先，也就是即使职位低者为女性或年龄较长，亦应成为先被介绍的一方。

(4)先将未婚女子介绍给已婚女子：比如：“郑太太，让我来介绍一下，这位是李小姐。”当无法辨别被介绍者是已婚还是未婚时，则不存在先介绍谁的问题，可随意介绍，如，“张女士，我可以把我的女朋友杨小姐介绍给您吗？”

**2.介绍时的姿势**

为他人做介绍时，介绍人应起立，行至被介绍人之间。在介绍一方时，应微笑着用自己的视线把另一方的注意力吸引过来。手的正确姿势应为手指并拢，掌心向上，胳膊略向外伸，指向被介绍者。作为介绍人，在为他人做介绍时，态度要热情友好、认认真真，不要敷衍了事或油腔滑调，也不要用手指对被介绍者指指点点。

**3.介绍的内容**

(1)在给他人做介绍时，首先要实事求是、简明扼要地介绍双方各自的情况，如姓名、职位、与自己的关系以及认识对方的目的等，令双方知道如何称呼彼此、明白双方交流的意义。

(2)在介绍他人时切忌厚此薄彼，不可以对一方介绍得面面俱到，而对另一方只用寥寥数语。也不可以对一方冠以"这是我的好朋友"，而不给另一方以"同等待遇"。

(3)介绍两位素昧平生的人互相认识，不要只是寥寥数语道出各人的姓名便算完事，而应该尽量让他们多知道一些对方的事。一来使气氛轻松；二来亦可为他们之间的交谈先铺一条道路。如："小敏，这位是张惠平。我知道你正好要找个名摄影家学习摄影技巧，而惠平正是高手，他是很乐意帮助别人的。"或是："海明，惠平上星期从谷关度假回来，你以前不是也去过谷关吗？"主人如此起了穿针引线的作用之后，便可以"功成身退"，让他们自己交谈了。

**4.介绍不必太过拘束**

在家庭宴会场合，介绍不必过于拘泥礼节，倘若大家又都是年轻人，就更应以自然、轻松、愉快为宗旨。介绍人说一句"我来介绍一下"，然后即做简单的介绍，也不必过于讲究先介绍谁、后介绍谁。最简单的方式莫过于直接报出被介绍者各自的姓名，也不妨加上"这位是""这就是"之类的话以加强语气，使被介绍人感到亲切和自然。在把一个朋友向众人做介绍时，说句"诸位，这位是马丽。"也就可以了。

另外，做介绍前应考虑被介绍人双方有无相识的必要与愿望，故可事先询问被介绍人的意见，以防做介绍时冷场。如，"请允许我介绍你们认识一下”，然后再把双方的情况一一做介绍。

## 集体介绍的顺序

集体介绍，是指为一个以上的人所做的介绍。也就是说，被介绍者不止一人，甚至是许多人。集体介绍分为集体和个人、集体和集体两种情况。一种是介绍两个集体，同样要把地位低的一方先介绍给地位高的一方，所谓地位低的一方一般就是东道主，所谓地位高的一方一般就是客人。还有一种就是介绍集体和个人，一般先把个人介绍给集体，因为个人比集体人少，地位比较低，然后介绍集体。

进行集体介绍的顺序，若有可能，应比照他人介绍的顺序进行。若实难参照，则可酌情参考下述顺序。应当强调的一点是，越正式、大型的交际活动，对集体介绍的顺序就越是不可马虎。

**1.少数服从多数**

少数服从多数，是指当被介绍者双方地位、身份大体相似，或者难以确定时，应当使人数较少的一方礼让人数较多的一方，一个人礼让多数人，先介绍人数较少的一方或个人，后介绍人数较多的一方或多数人。

**2.强调地位、身份**

若被介绍者双方地位、身份之间存在明显差异，特别是当这些差异表现为年龄、性别、婚否、师生以及职务有别时，则地位、身份为尊的一方即使人数较少，甚至仅为一人，仍然应被置于尊贵的位置最后加以介绍。

**3.单向介绍**

在演讲、报告、比赛、会议、会见时，往往只需要将主角介绍给参加者，而没有必要一一介绍众多的参加者。

**4.笼统介绍**

若需要介绍的一方人数不止一人，可采取笼统的方法进行介绍。例如，可以说“这是我的家人”，“他们都是我的同事”。但是可能的话最好还是对其一一进行介绍。进行此种介绍时，可比照介绍他人时的位次尊卑顺序，由尊而卑，如先长后幼，先女后男，等等。不过，这一顺序的标尺一定要正规、单一，且为众人所认可。

若被介绍双方皆不止一人，则可依照惯例，先介绍位卑的一方，后介绍位尊的一方。在介绍各方人员时，均须由尊而卑，依次进行。

有时，被介绍的会不止两方，此时需要对被介绍的各方进行位次排列。排列的具体方法：一是以其负责人身份为准；二是以其单位规模为准；三是以单位名称的英文字母顺序为准；四是以抵达时间的先后顺序为准；五是以座次顺序为准；六是以距介绍者的远近为准。进行多方介绍，应由尊到卑。如时间允许，应在介绍各方时，以由尊而卑的顺序一一介绍其各个成员；若时间不允许，则不必介绍其具体成员。

集体介绍的内容基本上与介绍他人的内容无异，不过要求更认真、更准确、更清晰，以下两点应尤为注意。

(1) 不要使用易生歧义的简称。比如，不要讲“人大”“消协”，而应说明是“中国人民大学”“消费者协会”，或者“市人大常委会”“消防协会”。又如，不要将“范局长”简称为“范局”，否则会使人听成“饭局”。至少，要在首次介绍时使用准确的全称，然后方才采用简称。不论是介绍单位还是介绍个人，只有在不产生歧义时才可使用简称，否则很容易造成误会。

(2) 不要开玩笑、捉弄人。进行介绍时，要庄重、亲切，切勿随意拿被介绍者开玩笑，或是成心出对方的洋相。比如，在介绍时这样讲：“这位是大名鼎鼎的邱悦先生，大家看，邱先生肥不肥？”就是很不文明的。

## 握手是拉近距离的亲密接触

握手是日常交往中最常用的礼节，是世界通行的礼节，多用于见面时的问候与致意以及告别时的致谢和祝愿的场合。握手虽然只有几秒钟的时间，但是正是这短短的几秒钟，决定了别人对你的态度，因此忽视不得。

握手的标准方式，是行至距握手对象约1米处，双腿立正，上身略向前倾，伸出右手，四指并拢、拇指张开与对方相握。握手时应用力适度，上下稍许晃动三四次，随后松开手，恢复原状。具体来说，握手时应注意以下几个方面的事项：

**1.伸手的次序**

在正式社交场合，握手时最为重要的是握手的双方应当由谁先伸出手来。握手的先后次序要符合礼仪规范。具体而言，握手时双方伸手的先后次序大体包括如下几种情况：年长者与年幼者握手，应由年长者首先伸出手来；长辈与晚辈握手，应由长辈首先伸出手来；老师与学生握手，应由老师首先伸出手来；女士与男士握手，应由女士首先伸出手来；已婚者与未婚者握手，应由已婚者首先伸出手来；社交场合的先至者与后来者握手，应由先至者首先伸出手来；上级与下级握手，应由上级首先伸出手来；职位、身份高者与职位、身份低者握手，应由职位、身份高者首先伸出手来。

**2.神态专注**

与人握手时，理当神态专注，热情、友好、自然。在通常情况下，与人握手时，应面带笑意，直视对方双眼，并且开口问候。

在握手时，切勿显得三心二意，敷衍了事，漫不经心，傲慢冷淡。如果在此时迟迟不握他人早已伸出的手，或是一边握手一边东张西望，甚至忙于跟其他人打招呼，都是非常不礼貌的。

**3.姿势自然**

与他人握手时，只要有可能，就应起身站立，除非是长辈或女士。坐着与人握手是不合适的。

握手时双方之间的最佳距离为1米左右，因此握手时双方均应主动向对方靠拢。距离过大，显得像是一方有意讨好或冷落一方；距离过小，手臂难以伸直，也不大好看。

握手时最好的做法是双方站立，彼此将要相握的手各向侧下方伸出，手臂伸直相握后形成一个直角。

**4.手位适当**

在握手时，手的位置至关重要。常见的手位有两种，即：

⑴单手相握。以右手单手与人相握，是最常用的握手方式。单手与人相握时，手掌垂直于地面最为适当，称为“平等式握手”，表示自己不卑不亢。与人握手时掌心向上，表示自己谦恭、谨慎，这一方式叫作“友善式握手”。与人握手时掌心向下，则表示自己感觉甚佳，自高自大，这种方式叫作“控制式握手”。

⑵双手相握。双手相握，即用右手握住对方右手后，再以左手握住对方右手的手背。这种方式适用于亲朋故友之间，可用以表达自己的深厚情谊。一般而言，此种方式的握手不适用于初识者与异性之间，因为它有可能被理解为讨好或失态。这一方式有时亦称“手套式握手”。双手相握时，左手除握住对方右手手背外，还有人以之握住对方右手手腕或手臂、按住或拥住对方右肩，这些做法除非是面对至交，否则不要滥用。

**5.力度适中**

握手时，为了向交往对象表示热情友好，应当稍许用力，握力以在2公斤左右为宜。与亲朋故旧握手时，所用的力量可以稍微大一些；而在与异性以及初次相识者握手时，则千万不可用力过大。

在与人握手时，不可以毫不用力，不然就会使对方感到你缺乏热忱与朝气。但也不宜矫枉过正，要是在握手时拼命用力，不将对方握得龇牙咧嘴不肯罢休，则难免有示威挑衅之嫌。

**6.时间适度**

与他人握手的时间不宜过短或过长。大体来讲，握手的时间应控制在3秒钟以内。

若握手时两手稍触即分，时间过短，则好似在走过场，又像是对对方怀有戒意。而与他人握手时间过久，尤其是拉住异性或初次见面者的手长久不放，则显得有些虚情假意，甚至会被怀疑为“想占便宜”。

**7.注意不要交叉握手**

人多时，注意不要交叉式握手，可待别人握完后再握。在热烈兴奋的气氛中有些人容易忽略这一点，因此要特别注意。到朋友家中做客，客人多，须与主人及熟识的人握手，其余的人只需点头致意。但对经过主人介绍的人，就要逐一握手致意。

**8.握手时不应戴手套**

握手时要脱去手套，如因故来不及脱掉就握手，需向对方说明原因并表示歉意。不过据欧美传统礼貌，穿大礼服、戴白羊皮手套者，因不易脱下，按习惯可以不脱手套握手，但须请求对方原谅。另外，据西方传统，地位高的人和妇女也可以戴手套握手。

# 交换名片的礼仪

认识一个人有许多不同的方式，而交换名片则是初见面时可以粗浅地了解对方又能稍稍拉近彼此距离的一种办法。通过名片，我们会知道对方的名字、服务的场所、职位、联络方式等，名片可算是一个建立人际关系网络数据库的好帮手。名片所代表的是本人，用应有的礼貌交换名片，是尊重自己也尊重他人的表现。

交换名片虽是人际交往中的小细节，但也有一些必须遵循的礼节，可不能拿过来然后随便塞进口袋了事，这样你给人的第一印象就会大打折扣。

**1.交换名片的正确仪态**

招呼初见面的客户时，交换名片是不可少的，名片代表着自身，所以无论是递送名片还是收受名片，一定要保持恭敬严谨的态度。

随身携带的名片应使用较精致的名片夹，一般着西装时放在靠近左胸——心脏所在的地方，其含义无疑是对对方的一种礼貌和尊重。注意将别人的和自己的名片分别放在一起，防止递错，若递错则是严重失礼的。

递出名片时应起身，面对对方，且以对方能够阅读的方向递交出去，以右手持名片，但不要压住名字，以左手辅助，轻轻地奉上。两手一起奉上更显慎重，对方必定会产生好感，如果以单手轻率地递出，极可能引起对方的不悦。

职位低的人应先给出名片，这是基本的礼貌。不过，如果对方已经先递出名片，就赶快先收下；如果是和对方一起交换名片时，则先递出自己的名片，然后再用双手收下对方的名片。

如果有很多人同时坐在餐桌上，而你要将名片递给别人，要按顺时针方向一一递出，不必拘泥于在座者之辈分与职位的高低。

交换名片时，手的高度不能低于腰部以下。

如果对方已先准备好名片，而自己因动作缓慢让对方久等，这是相当不礼貌的。当确定对方已准备就绪时，应尽快将自己的名片递出。

拿着名片行走时，拿着名片的那只手应放于胸前。

**2.给名片的时机**

在宴请交际场合中，当介绍自己时，向对方送上你的名片，这是名片使用频率最高的场合。

通常在介绍自己名字的时候同时递上名片，且应遵照晚辈比长辈先递出、主人比客人先递出的原则，先给出名片表示尊重对方。有上司或长辈在场，要等上司或长辈介绍之后再给出名片。

男士不宜主动给对方的夫人或女朋友留名片，以免发生误会。

不要把自己的名片随意发散给陌生人。

**3.收受名片的要点**

收受名片的做法是：以两手承接对方递上的名片，接着轻轻点头打招呼并将名片快速浏览一遍，然后看着对方的脸说："是某某公司的某某某先生吗？"这是为了确定对方的姓名与其所服务的公司。此时切不可拿着名片在对方的面孔旁边比对或是从头到脚打量对方，这是极没有礼貌且易引起他人反感的行为。收受名片时有两点必须注意：

当手中拿着其他东西却要收受名片时，必须先放下手中的东西，再依收受名片的要求收下。千万不要手上拿着东西还去收受名片，这会给人以随便的感觉，对方也会觉得自己不受重视。

接受名片时，应拿着名片的边角，以认真的态度看名片上的资料，而不是收到之后就置之不理，塞进袋中。

记住，一定要以双手收受名片，这样会让人感到诚意十足。

**4.拿到名片后应注意的要点**

要谨慎地收受对方送来的名片，小心不使其掉落。收受名片后要放入上衣口袋或名片夹中，即使上衣没有口袋，也不要放在裙子或裤子的口袋里，而不能随便放置。名片就代表了对方，所以无论拿着名片把玩或是摇晃都是很失礼的行为。在对方递出名片并介绍姓名时，不要重复问应该如何念。

谨守递出名片与收受名片的礼节，想要留下良好的第一印象就不是太难了，说不定能因此而获得发展机会。

## 商务馈赠礼仪及原则

馈赠是社交活动的重要手段，作为一种非语言的交际方式，馈赠以物的形式出现，以物表情，礼载于物，得体的馈赠能起到寄情言意之“无声胜有声”的作用。

得体的馈赠，恰似无声的使者，给交际活动锦上添花，给人们之间的感情和友谊注入新的活力。然而送给谁、为什么送、送什么、何时送、在什么场合送、如何送等却是一个既古老又新奇的问题。因此，我们只有明确馈赠目的和遵循馈赠基本原则，才能真正发挥馈赠在交际中的重要作用。

**1.馈赠的时间把握**

参加宴请活动向主人赠送礼品时，应在见面之初把礼物赠予对方；当自己以东道主身份接待来宾时，通常是在对方告辞之前向对方赠送礼品，在告别宴会上赠送或到其下榻处赠送都可。

**2.礼品的选择**

送礼是一门学问，也是一门艺术。礼送得好，会事半功倍。礼送得不好，则会适得其反。礼不在贵贱，重在是否投其所好，是否对方所喜欢。

在人际交往中，如果不是出于贿赂目的，一般说来，在礼品的选择上应遵循以下原则。

其一，贵在巧。即用意巧妙，具有特定的意义；东西精致或精巧，高级、名牌产品和特产是较好的选择。

其二，贵在小。所送礼品一般以能够随身携带、小巧玲珑者为佳。如果礼物不易搬运，送时兴师动众，弄得四邻皆知，反会使受礼者大为尴尬。

其三，贵在少。送礼应遵循少而精的原则。公司的主打产品、宣传画册、企业标志或建筑模型等，都是很好的正式礼品；在重大活动中，以公司的名义正式向外界赠送礼品，要突出礼品的纪念性。针对西方人士的礼品有玉饰、蜡染或真丝服饰、景泰蓝、绣品等。

**3.馈赠的禁忌**

中国人普遍有“好事成双”的说法，因而凡是大贺大喜之事，所送之礼均好双忌单。但广东人忌讳“4”这个偶数，因为在广东话中，“4”听起来就像“死”，是不吉利的。再如，白色虽有纯洁无瑕之意，但中国人比较忌讳，因为在中国，白色常是悲哀之色和贫穷之色；同样，黑色也被视为不吉利，是凶灾之色、哀丧之色；而红色则是喜庆、祥和、欢庆的象征，受到人们的普遍喜爱。此外，中国人还常常讲究不能给老人送“钟”，不能给夫妻或情人送“梨”。这类禁忌还有许多，需要我们去遵循，这里就不一一列举了。

港台风俗，丧事后以毛巾送吊丧者，非丧事一律不能送毛巾；认为以剪刀相送会使对方有受到威胁之感；认为甜果是祭祖拜神专用之物，送人会有不祥之感；扇子是夏季用品，台湾俗称“送扇无相见”；台湾的居丧之家习惯不蒸甜食，不裹粽子；香港人青睐红木制作的小型棺材摆件，寓意为“升官发财”。

## 国际交往中的馈赠礼仪

由于文化上的差异以及不同历史、民族、社会、宗教的影响，世界各国对于馈赠在观念、喜好和禁忌上也有所不同。只有把握好这些特点，在交往活动中才能发挥馈赠应有的作用。

### 1.亚洲国家的馈赠礼仪

亚洲国家虽然其社会、民族、宗教等情况有很大不同，但在馈赠礼仪上却有很多相似之处。

(1)形式重于内容。对亚洲国家人士的馈赠，名牌商品或具有民族特色的手工艺品是上好的礼品。至于礼品的实用性，则屈居知识性和艺术性之后，尤其是日本人和阿拉伯人，非常重视礼品的牌子和外在形式。

(2)崇尚礼尚往来。在亚洲，无论何地，人们都认为来而不往是有失尊严的。因此，一般人都倾向于先送礼品予他人。而且，收到礼品后，在回礼时常在礼品的内在价值、外在包装上更下功夫，以呈现自己的慷慨和对他人的恭敬。

(3)讲究馈赠对象的具体指向性。选择和馈赠礼品时十分注意馈赠对象的具体指向性，这是亚洲人的特点。一般来说，送给老人和孩子礼品常常是令人高兴的，无论送什么，人们都乐于接受。但若是送他人妻子礼品，则需考虑交往双方的关系及对方的忌讳；如阿拉伯人最忌讳他人给其妻子赠送礼品，这会被认为是对其隐私的侵犯和对其人格的侮辱。

(4)忌讳颇多。在亚洲，不同的国家对礼品数字、颜色、图案等有诸多忌讳，如日本、朝鲜等对“4”字有忌，把“4”视为预示厄运的数字，而对9、7、5、3等奇数和108等数颇为青睐，对“9”及“9”的倍数尤其偏爱(但日本人不喜欢9)。阿拉伯人忌讳动物图案，特别是猪等图案的物品，而日本人则忌讳狐狸和獾等图案。

### 2.欧美国家的馈赠礼仪

在欧洲国家，一般只有在双方关系确立后人们才互赠礼物。赠送礼物通常是此次交往行将结束时才进行，同时表达的方式要恰如其分。高级巧克力、一瓶特别好的葡萄酒在欧洲也都是很好的礼物。登门拜访的前一天应送去鲜花，以便主人把花布置好，花要送单数，同时附上一张手写的名片，不要用商业名片。

(1)英国：在这里应尽量避免感情的外露。因此，应送较轻的礼品，花费不多就不会被误认为是一种贿赂。合宜的送礼时机是请人在上等饭馆用完晚餐之后。英国人也像其他大多数欧洲人一样喜欢高级巧克力、名酒和鲜花。对于饰有客人所属公司标记的礼品，大多数人并不欣赏，除非主人对这种礼品事前有周密的考虑。

(2)法国：初次结识一个法国人时就送礼是很不恰当的，应该等到下次相逢时再送。礼品应该表达出对对方智慧的赞美，但不要显得过于亲密。法国人很浪漫，喜欢知识性、艺术性的礼物，如画片、艺术相册或小工艺品等。应邀到法国人家里用餐时，应带上几枝不加捆扎的鲜花。但菊花是不能随便赠送的，在法国，只有在葬礼上才用菊花。

(3)德国：德国人认为，“礼貌是至关重要的”，故赠送礼品的适当与否要特别注意，包装更要尽善尽美。玫瑰是为情人准备的，绝不能送给主人。

(4) 美国：美国人很讲究实用，故一瓶上好的葡萄酒或烈性酒、一件高雅的礼物都是合适的。与欧洲国家一样，给美国人送礼应在宴请结束时。

**3.拉丁美洲国家的馈赠礼仪**

在拉丁美洲，黑和紫是人们忌讳的颜色，这两种颜色使人联想到四旬斋。基督教四旬斋是复活节前40天纪念耶稣在荒野禁食的一个传统节日。刀剑应排除在礼品之外，因为它们暗示友情的完结。手帕也不能作为礼品，因为它与眼泪是联系在一起的。可送些小型家用电器，例如一只小小的烤面包炉。在拉美国家，征税很高的物品极受欢迎，只要不是奢侈品。

**4.送花的禁忌**

在中国，喜庆活动中送花要送双数，意即“好事成双”。在丧葬仪式上送花则要送单数，以免“祸不单行”。在西方国家，送人的鲜花则讲究是单数。有些数字，由于读音或其他原因，在送花时也是忌讳出现的。

在国外，给中年人送花不要送小朵，因为小朵意味着他们不成熟。同样，也不要给年轻人送大朵的鲜花。

在日本不能送莲花。送菊花给日本人的话，只能送有15片花瓣的品种。

在拉丁美洲，千万不能送菊花。因为人们将菊花看作一种“妖花”，只有人死了才会送一束菊花。

在巴西，绛紫色的花主要用于葬礼；看望病人时，不要送那些有浓烈香气的花。

墨西哥人和法国人忌讳黄色的花。在法国，黄色的花是不忠诚的表示。

与德国、瑞士人交往时，送花给朋友的妻子或普通异性朋友不要送红玫瑰，因为红玫瑰代表爱情，会使他们误会。另外，德国人视郁金香为“无情之花”，送此花给他们代表与之绝交。

在意大利、西班牙、德国、法国、比利时等国，菊花象征着悲哀和痛苦，绝不能作为礼物相送。

在俄罗斯、南斯拉夫等国家，若送鲜花的话一定要是单数，因为双数被视为不吉祥。

罗马尼亚人什么颜色的花都喜欢，送花时一般送单不送双，但过生日时则例外，如果你参加亲朋的生日酒会，将两枝鲜花放在餐桌上，那是最受欢迎的。

百合花在英国人和加拿大人眼中代表着死亡，绝不能送。

## 第七章

# 点菜功夫：让宾主两相悦

中国的饮食之道，也是人情融合之道。一场饭局，既是亲朋故交之间的沟通交流，也是生意对手间的交锋谈判，因此，宴请的重要性不言而喻。而如何点一桌好菜，是宴请至关重要的因素。中国人的饮食习惯与其说是“请吃饭”，不如说是“请吃菜”。所以，对菜单的安排马虎不得。假如把餐桌比喻成战场，“点菜”则不亚于战前的“点兵”，其中大有学问。点得好，色、香、味俱佳，满堂生辉，宾主欢愉；点不好，往往扔了许多钱却讨不到好。点菜是一个人饮食文化修养的集中表现，是一项复杂的工作，值得人们去探讨。

## 如何点一桌活色生香的宴席

中国人历来都是从色、香、味、形四个方面对宴席的好坏进行基本评价的。一桌色香味形俱佳、营养丰富的好饭菜，不仅可以填饱肚腹，还可以拉近宾主之间的距离。点菜的要领是咸甜兼备、干汤相宜，要做到这一点不容易，只有用心琢磨才能驾轻就熟。

**1.宴席上的色香味**

饭菜的颜色对客人是非常直观的感官刺激。好的胃口自然来自于食物赏心悦目的色泽。把食物天然的五颜六色呈现在大众面前，不仅好看，而且会让人觉得健康卫生。辣椒的红，茄子的紫，青菜的绿，米饭的白，一桌好菜不啻于一幅五彩斑斓的图画，或浓墨重彩，或清新淡雅，正所谓“淡妆浓抹总相宜”。因此，点菜的时候一定要把握色彩搭配的原则，餐桌上的颜色可根据食客的喜好尽量丰富些，以刺激其食欲。有时候，因为宴会人数的限制，菜品数量有限，不可能面面俱到，那就要择优而选了。

如果说“色”必须要眼见才能出彩，那么“香”则是迎客的第一道风景。很多酒楼直接以“香”字冠名，比如飘香菜馆、香滴楼等。入席的时候，倘若客人已经忍不住深深地吸一口气，赞一声“好香啊”，表示这次宴请已经成功了一半。令席间香气四溢的主要因素是各种香料和有特殊气味的原料，比如海鲜等。炸、炖、烧、煎、炒、烤等烹饪方法有提香的作用，相对而言，拌、煮、蒸等方法出香的效果要差一点。因此，点菜的时候就可以点几个比较容易出香的菜，比如蒜香烤排骨、香煎银鳕鱼等。

通常人们所说的好菜，除了本身价值不菲的原材料外，还有其味道好。

然而，在中国的东西南北，人们的口味差别很大，什么样的味道才是好味道呢？既然是请客，当然是迎合客人口味和心意的菜最好。而这恰恰是商务宴请中最难把握的。因为主客之间往往并不十分熟络，有些甚至是一面之交，因此对彼此的口味也就不可能很了解。如果可以根据客人的籍贯、职业特点、个人兴趣推断出其大致的口味是再好不过的。如果实在难以推测，也可以点2～3个相对保守的菜，也就是一般情况下大众都能接受的。

**2.了解各式菜肴的出处和典故**

商务宴请当然不仅仅是为了吃饱喝足，吃喝只是个载体。要吃出品位、档次、格调来，除了菜肴本身，更重要的还是菜品身后隐藏的故事。选择这样的菜品，不光可以彰显点菜人的文化品位，还可以由此引出下酒的话题，席间不至于因无话可说而显得尴尬，也不至于直奔主题而显得唐突。用心选择的菜肴，有时候甚至可以暗藏玄机，让客人在杯光酒影中对其中的寓意心领神会。

**3.注意各菜式之间的搭配**

这里所说的搭配包括菜肴原料之间的搭配，即荤素搭配、鱼肉搭配，也包括技法的搭配。中国菜烹饪技法之多、之广，非其他国家可以比拟。其基本技法有炒、熘、炸、烩、烧、炖、焖、煎、烤、蒸、烫、氽……二十多种。一桌菜肴中，要注意不同技法之间的协调。此外，菜式搭配还包括原料颜色的搭配。

**4.关注就餐者的年龄层次和文化背景**

对于年长者，点的菜要清淡一点，素菜要多点一些，量要适度，采用蒸、烩、焖等技法烹饪的菜可多一点。而对于年轻人则可味道浓烈一些，如采用炸、爆、烤等技法烹饪的菜可多一些。

## 点菜高手的成功秘籍

宴请，有正规待客的，有好友相聚的，有两情相悦的，有论功行赏的，有联络感情的，林林总总，不一而足。不同的目的决定了菜的质量和品种。选菜不应以主人的爱好为准，而应主要考虑主宾的喜好与禁忌。

宴请点菜有不少讲究。要想成为点菜高手，你需要按照下列步骤来操作。

### 1.看人下菜

看人下菜是宴请点菜的一项基本原则。知己知彼方可百战不殆，掌握同席之人的口味乃点菜之先。

(1) 两人同去，若是女伴，可以点一荤一素两个冷菜，或加上一个卤水菜肴，再点一个高档的蔬菜、一个海鲜、一个荤素小炒即可。如果是那些注重美食、营养的人，各自再加一个小炖盅就可以吃得风光而体面了。

(2) 与生意上的客户共进晚餐，在双方不熟悉的情况下，点菜点得恰到好处，凉热荤素、鸡鸭鱼肉搭配得当是非常关键的问题。一般工作餐会是三五成群，所以点的冷菜不仅要有海鲜、卤水，最好还要有一些别致的小菜。而热菜要有1道高档海鲜，外加2道荤素小炒，1道带肉主菜，1道清口蔬菜，汤煲、点心、水果各1道即可。

(3) 点菜时一定要先问问桌上同餐者有没有什么人有特殊忌讳，比方说素食者、不食牛羊肉者、不吃辣椒者、不吃海鲜者等。做到心中有数，点菜时就可以兼而顾之，不会有人大快朵颐，有人停箸默然。

### 2.注重特色

特色菜又叫招牌菜，一般是餐厅用来吸引客人的拿手菜，味道不错，价钱也不会太贵。每到一个不熟悉的餐馆，不妨先问问有什么特色菜，这样就可以了解该餐馆的素质，点菜时心里有底。比如吃淮扬菜，蟹黄狮子头、水晶虾仁、响油鳝丝、油爆河虾等大概都是必备菜，但是各家烹调手法上还是有所区别的。

### 3.搭配合理

以中国菜而言，并不要求每个菜都出色精彩，但讲究一桌菜五味俱全，且要搭配合理，咸淡互补，鲜辣不克，让每种味、每道菜都发挥到极致。菜肴应强调荤素、浓淡、干湿、多种烹调方法搭配，原料尽量不重复。

从营养的角度来看，要注意膳食平衡，即注意谷、果、肉、菜、豆等各类食物品种齐全、比例适当。根据就餐者的年龄、个人嗜好、身体状况及就餐季节，点菜时应注意以下方面。

⑴荤素搭配：对海鲜、畜肉、禽肉、豆类及其制品、蔬菜及水果等应全面考虑，但要注意肉类不宜太多。在重视饮食营养的今天，一定数量的素菜是必不可少的，菜肴中应有1／3以上是绿色蔬菜和豆制品。这样可以通过荤素搭配保证营养平衡，在色泽和口感上也有新鲜感。若是担心素菜显得不够“高档”，可配些草菇、香菇、虾仁等增加“美食感”。

⑵软硬搭配：这主要是考虑照顾好老人和小孩，且注意油炸食物不宜太多。

⑶菜色搭配：整体色彩搭配效果清爽诱人。

⑷口味搭配：酸、甜、苦、辣、咸各种口味菜肴的搭配要尽量照顾到大多数就餐者的喜好。如果就餐者中有病人，如患有高脂血症、糖尿病等疾病者，应注意点一些低脂、无糖、高纤维素的菜。

⑸冷热搭配：注意冷菜及冷食不宜过多。

# 到底该由谁来点菜

假如把餐桌比喻成战场，“点菜”则不亚于战前的“点兵”。点菜是饮食文化的集中表现，融合了地域风格、个人品位，里面大有学问。到底谁该点菜呢？这要依具体情况而定。一般情况下大致有以下几种选择。

**1.主人点菜**

宴请之际，主人一定要了解客人的口味。国内客人的口味特征大致为南甜、北咸、东辣、西酸，香港人一般要求清淡。宴请时要根据客人的具体情况点菜。

点菜时，我们一般都会有礼貌地征求一下客人的意见，但怎么问大有讲究。有经验的人有两种问法。一个是封闭式问题。比如：“来条草鱼还是鲤鱼？”如此在两者之间进行选择，大大缩小了选择的余地。又如：“喝茶还是喝咖啡？”就是告诉对方，你不要喝酒。而另外一种问法是问开放式的问题。比如：“您想喝什么酒？”由被问者自由选择。此外，需要注意的是，一定要了解客人不吃什么，尤其注意不要犯宗教禁忌或民族禁忌。

**2.客人点菜**

入席后，主人往往把优先点菜的权力让给客人，这是出于礼貌。如果有女士在，应该先请女士点菜，但其余客人也务必一一让到。一般来说，客人不好意思点价格较贵的菜品。如果你看出客人有些为难，可以从侧面来提醒和帮助他。例如，可用以下问题来打破僵局——“这里的奶油小牛肉比较有名，我非常想推荐给你”，或者“作为头盘菜，咱们一同点道奶油虾汤吧”，等等。用轻松的语气向客人提出建议，意思是这样的价位你可以接受，客人尽管以此类推来点菜。

**3.轮流点菜**

亲朋好友聚餐，有时是一人点一个菜。原则是大家都不爱吃你点的那个菜的话，你就有责任吃掉2/3。这就是说，至少是“自作自受”，把“包”“打”在自己肚子里。点菜吃饭是个人行为，和工作不一样，每个人都有自己的机会和自己的选择权。

**4.领导点菜**

中国人吃饭也看得出长官意志，领导一个人说了算，一个人决定大家吃什么菜，而部下则常常异口同声说“都吃都吃”“什么都成”，将选择权拱手让出。当然，也有那种宽厚的领导，让大家群策群力，想吃什么就说，或者索性放手让手下人去点菜，毕竟吃饭不是什么原则问题，轻松一点才好。

**5.女宾点菜**

在今天的世界上，除了少数地方外，在一般比较正式的场合，“女士优先”这句话可以说是放之四海而皆准的，女宾点菜亦成为当今的一种时尚。男女在餐馆、饭店约会，点菜时应让女士先点，尊重女士的意见。在西餐厅，如果女士对吃西餐已经轻车熟路，那就大大方方点好了。当然，要不时征询一下对方的看法。但如果不熟悉西餐的点法，菜单又挂满了英文，这时候女士依然可以坦率而诚恳地说：“你来点吧，你熟悉，我相信你点的菜很美味。”

**6.职业点菜师代劳**

如今，点菜不仅是一门学问，还是一门职业了。如果对这个饭店的菜实在拿不准，不妨请个职业点菜师。实际上，上档次的饭店都会培养一些训练有素的点菜师，当客人面对菜单无所适从时，点菜师会为客人配出一桌好菜。

当着客人的面，如果不方便讲要花多少钱时，可以通过特定的词汇表达，如“来点家常菜”“来点清淡爽口的”，这是暗示点菜师自己不想高消费，而“有什么山珍海味”“来点海鲜”，则是暗示点菜师你请的是贵宾，并不在乎花费多少。

## 中餐点菜的方法

### 1.点菜的顺序

中国菜的大致出菜顺序是：开胃菜→主菜→点心。一般情况下，点菜也要遵循这个顺序。首先注意一定要先点上几个凉菜，以免桌上空空荡荡。通常是4～8种冷菜，也可点十多种。其次，根据客人的重要程度和要花钱的数额，先点上几个关键菜(主菜)，以此来体现宴请级别，然后将各菜品(鱼、肉、蔬菜、凉菜等)搭配起来。如果人多，可以多点几个肉菜，不够则以普通菜补充。

宴请宾客除用贵菜来显示对客人的尊重外，一些本店的特色菜可能会给每位客人带来兴趣，同时也增加了酒宴中的话题。主菜结束后是点心，如馅饼、蛋糕、包子、杏仁豆腐等，最后则是水果。

### 2.点菜的数量

设宴时，所点菜肴的数量应根据其人数和宴请方式来决定，有一种说法是，冷菜加热菜的总量是人数的2倍就可以了。在点菜的数目上，中国人认为偶数代表吉利。所以，在豪华餐宴上，一般主菜多达16道或者32道，比较普通的是6～12道。

3个人就餐，点半只烤鸭、2个热菜、2个凉菜即可；如4人吃饭，一般可点3～4个冷菜，3～4个热炒菜，加1个大菜、1道汤，1～2个点心就足够了。当然，也可客气地征求对方的意见。有时候，4人就餐四菜一汤或羹足矣，除了一道青菜外，其余三个菜可以是煎、炒、焖各一。

不必点太多招牌菜。点一个招牌菜、一个果腹菜、一个素菜、一个下酒菜，再点一个下饭菜，三五朋友聚餐，就能吃得心满意足，又不浪费。宴请年长者，菜要少而精，热菜的总量可与就餐人数相同；就餐者中年轻人居多时，点的菜不仅要重质，还要重量。

**3.把握窍门**

很多餐厅都推出了每日、每周或每月特色菜，在开始翻阅那厚厚的菜单之前，可以先看看当日有什么特色菜，如果你想尝试一下，或者正是你盼望已久的菜肴，这岂不是一举两得吗？

**4.参考他人意见**

也许同你前去的朋友中有人来过这家餐厅，不妨听听他们的意见和感受，这种参考应当说是最直接和最可靠的了。当然，餐厅服务员的建议有时也是值得听取的，他们在那里工作，见多识广，只要你讲出有关的具体要求，如味道、风格等，他或她就一定能给你说出几个可供你参考的菜名。

**5.跟服务生定菜**

当你决定了要吃什么，并征求大家的意见之后，可以面向服务生举起手，或是轻声说一句："先生(小姐)，可以帮我点菜吗？"请服务生过来为你服务。然后你只需将你想要的菜名念一遍给服务生听，等他记下来，就完成了点菜的环节。

## 西餐点菜的窍门

西餐的进餐方式有一定的顺序和规范，在西餐厅进餐也要遵循同样的礼仪和规范。但在餐厅里我们可选择的菜肴实在太多，有时你会感到眼花缭乱，不知从何入手。下面我们简单介绍一些既节省时间又科学合理的点餐技巧。

**1.西餐的菜序**

⑴头盘：西餐的第一道菜是头盘，也称为开胃品。常见的品种有鱼子酱、鹅肝酱、熏鲑鱼、鸡尾杯、奶油鸡酥盒等。因为是要开胃，所以开胃菜一般都具有特色风味，味道以咸和酸为主，而且数量较少，但质量较高。

⑵汤：西餐的第二道菜就是汤。西餐的汤大致可分为清汤、奶油汤、蔬菜汤和冷汤四类。品种有牛尾清汤、各式奶油汤、海鲜汤、意式蔬菜汤、俄式罗宋汤等。冷汤的品种较少，有德式冷汤、俄式冷汤等。

⑶鱼类：一般作为西餐的第三道菜，也称为副菜，品种包括各种淡、海水鱼类，贝类及软体动物类。通常水产类菜肴与蛋类、面包类、酥盒菜肴均称为副菜。因为鱼类等菜肴的肉质鲜嫩，比较容易消化，所以放在肉类菜肴的前面，叫法上也和肉类主菜有区别。

⑷主菜：肉、禽类菜肴是西餐的第四道菜，也称为主菜。肉类菜肴的原料为牛、羊、猪肉，其中最有代表性的是牛肉或牛排。

⑸蔬菜类：可以安排在肉类菜肴之后，也可以与肉类菜肴同时上桌，所以可以算为一道菜，或称之为一种配菜。西餐中的蔬菜类菜肴即人们所称的“沙拉”。与主菜同时上桌的沙拉为生蔬菜沙拉，一般用生菜、西红柿、黄瓜、芦笋等制作。

⑹甜品：是在主菜之后食用的，可以算作第六道菜。确切地讲，它包括所有主菜之后的食物，如布丁、薄饼、冰淇淋、奶酪、水果等。

⑺咖啡与茶：西餐的最后一道是饮料，如咖啡或茶。饮咖啡一般要加糖和淡奶油，茶一般要加香桃片、糖等。

**2.西餐菜单的种类**

(1)套餐：套餐由前菜、主菜、甜点、咖啡等组成，是一种事先由餐厅为顾客搭配组合的料理形式，在调理法或味道方面的调配也较平衡，比起单点更能将费用压低。当你搞不懂料理的名称或是首次光临这家餐厅时，一般应选择套餐。

(2)单点：单点是一种可自行从菜单中挑选自己喜欢的料理的点餐形式。一般而言，菜单上有四或五大分类，分别是开胃菜、汤和沙拉、海鲜、肉类、点心。有时你可在菜单上找到一页附在菜单上的“今日特餐”或“主厨推荐”，这些往往是餐厅精心制作且物超所值的菜肴。若未看到，亦可向服务员询问是否提供特餐。

(3)组合式套餐：所谓的组合式套餐则是介于套餐和单点之间的点餐形式。虽然形式上和套餐大同小异，但程序中的每一道料理都提供了数种选择可供参考。

**3.西餐的点菜要诀**

在西餐厅点餐时，首先点餐前酒，再决定是要套餐还是单点，最后再配合料理选择适合的葡萄酒。选择单点式的话，在餐点结束之后也可继续加点甜点、咖啡、餐后酒。点菜时需衡量用餐人数，选择单品料理需依照套餐的顺序来点菜。

吃西餐点菜应首先从主菜开始选择。选择以单点为用餐方式时，先决定好主菜的料理，再选其他料理就会变得容易得多了。选择前菜和汤时，请注意别和主菜调理法或酱料重复。

单点时要考虑菜肴的分量。单点料理一盘的分量会比套餐一盘的分量多一些。因此要先斟酌自己的食量再决定点餐的分量。

首次光临某家餐厅时，建议暂且别选择只点前菜或只点主菜的形式来用餐。另外，只点搭配葡萄酒的酒菜而不点料理，也是不大理想的用餐方式。

餐厅终究是用餐场所。若是碰到看不懂的料理时，请别客气，尽量向服务生请教。当你想点餐或者有事想麻烦服务生时，轻声呼唤服务生是不伤大雅的。

## 怎样安排“双满意”菜单

点一桌既好吃又好看的菜，是成功宴请的必要条件。点菜也是一门艺术，其中大有学问。点得好，色、香、味俱佳，满堂生辉，宾主欢愉；点不好，往往扔了许多钱却讨不到好。

因此，在宴请之前，主人需要事先对菜单进行再三斟酌。点菜时，如果人少，菜最好少而精；人多，菜最好精而全。吃饭人多时难免众口难调，常规做法是凉热荤素、鸡鸭鱼肉搭配起来。最好是客人到之前先有一个安排。

**1.要了解客人的口味**

国内客人的口味特征大致为南甜、北咸、东辣、西酸。当然，考虑的重点还是主宾的喜好及需求。除了个别特殊人物之外，对大多数人一般只能从其籍贯、年龄、性别等方面去判断。

**2.要照顾到每位成员的爱好**

选择菜种时，先注意用餐者的年龄，如果宴请的客人以中老年居多，则应多点质地软嫩、口味清淡、做工精细的菜肴。中老年人肠胃较弱，食量不大，而且对高脂肪、高热量食品心怀顾虑，所以应避免过多大鱼大肉、煎炸熏烤等油腻厚味的食品，最好在餐前上一碗开胃汤以促进食欲。

如果用餐者以青年人为主，可点些味道浓香、油脂较多的菜，以免食客们感到“不解馋”，也避免桌上的菜肴很快吃完而尴尬。若是女客较多，可点一些带酸甜味的菜肴或甜味的精致小点心。

**3.要会协调各种原料**

菜肴原料要多样化，绿色蔬菜、菇类、豆腐、海鲜、鱼类、畜肉、鸡肉等都应顾及，特别是在重视饮食营养的今天，一定数量的素菜是必不可少的。另外，要多点应时顺季的蔬果。

**4.要考虑来宾的饮食禁忌**

在安排菜单时，还必须考虑来宾的饮食禁忌，特别是要对主宾的饮食禁忌高度重视。饮食方面的禁忌主要有四类。

⑴宗教禁忌。对此一点也不能疏忽大意。例如，穆斯林通常不吃猪肉，并且不喝酒。国内的佛教徒不吃荤腥食品，这不仅是指不吃肉食，还包括葱、蒜、韭菜、芥末等气味刺鼻的食物。

⑵个人禁忌。有些人由于种种原因，在饮食上有一些与众不同的特殊要求。比如，有的人不吃肉，有的人不吃鱼，有的人不吃蛋等。对于这些人的饮食禁忌，亦应充分予以照顾。不要明知故犯，或是对此说三道四。出于健康方面的原因，有的人对于某些食品有所禁忌。比如，心脏病、脑血管、动脉硬化、高血压和中风后遗症的人不适合吃狗肉，肝炎病人忌吃羊肉和甲鱼，胃肠炎、胃溃疡等消化系统疾病的人也不合适吃甲鱼，高血压、高胆固醇患者要少喝鸡汤等。对此也应加以考虑。

⑶地方禁忌。不同的地区，人们的饮食偏好往往不同。对于这一点，在安排菜单时，也要兼顾。比如，湖南人普遍喜欢吃辛辣食物，少吃甜食。

⑷职业禁忌。有些职业，出于某种原因，在餐饮方面往往也有特殊禁忌。例如，国家公务员在公务宴请时不准大吃大喝，驾驶员在工作期间不得饮酒等。要是忽略了这一点，就有可能使对方犯错误，甚至造成事故。

⑸国际禁忌。如果你经常有机会宴请外国朋友的话，最好了解一下他们的饮食禁忌，以免引起不必要的麻烦。以下几点应特别注意。

切不可点动物内脏及肥肉制作的菜肴。如果你要宴请外国客户，千万不要点一些由动物内脏烹制的食物。虽然法国名菜“香煎鹅肝”很受欢迎，但是这不意味着他们能接受用地道的中式方法烹制的其他动物内脏食物。另外，外国人也不吃肥肉。

尽量不要点有骨头的菜。外国人吃鸡鸭鱼肉一般都是把骨头剔得干干净净才拿来做菜，吃起来完全不费半点功夫。所以，请外国人吃饭要尽量尊重他们的习惯为好。

不要肉食为主、素菜为辅。和我们的高碳水化合物、低蛋白、低脂肪的饮食习惯不同，外国人的饮食习惯是高脂肪、高蛋白质、低碳水化合物。他们每餐吃的食物量不多，质却很扎实。

避免口味过于油腻火爆的食物。外国人的口味相对清淡，多数外国人都是不吃辣的。所以，如果你请外国人吃中餐，一般不要点那些油腻火爆的菜，比如辣子鸡、水煮鱼等。

## 中餐点酒水“花样”多

酒水是请客吃饭时最基本的饮品。无论接待什么层次的客人，举办什么样的宴会，都离不开酒水。可以说，无酒不成礼，无酒不成宴，无酒不成欢，无酒不成敬意，已成为我国各民族的风俗。

中餐中，酒的种类与菜肴的安排有联系，甚至与季节、宴会主题的联系也很多。因此，点酒水时需要考虑以下要素。

**1.选酒要与宴会的规格一致**

宴会的档次有高、中、低之分，酒有上品、中品、下品之分，不同的宴会选酒应当与其规格相一致。如我国举办国宴时，往往选用茅台酒，因为它被称为我国的“国酒”，其质量和价格在我国酒类中最高。但是，如果是普通宴会，则可选用档次低的酒品；如果在普通宴会上用茅台酒，那么酒水的价值在整桌菜肴之上，就会显得不协调。

**2.不同的季节选用不同的酒**

由于气候有差异，不同季节选用的酒也有不同。比如，冬天人们一般喜欢喝“烫酒”，既开胃又养胃；夏天则喜欢冰镇啤酒，有消暑的功效。因此，宴请宾客时，冬天饮用白酒较多，而夏天多选择啤酒。

**3.佳肴还需好酒配**

无论以酒佐食还是以食助饮，“酒”“菜”往往难分家。在西餐中，酒类的选择与菜肴的搭配非常严格，而在中餐中，这种要求稍低一些。但是，假如宴请很讲究，那么，红酒专门搭配鸡鸭菜肴，竹叶青酒专门搭配鱼虾菜肴，加饭酒专门搭配冷菜冷盘，吃螃蟹时则应饮黄酒而非白酒。

**4.酒与酒亦有搭配**

酒与酒的搭配也有一定的规律：低度酒在先，高度酒在后；软性酒在先，硬性酒在后；有汽酒在先，无汽酒在后；新酒在先，陈酒在后；淡雅风格的酒在先，浓郁风格的酒在后；普通酒在先，名贵酒在后；干冽酒在先，甘甜酒在后；白葡萄酒在先，红葡萄酒在后。从科学饮食的角度来看，最好不要将多种酒混杂饮用，因为这样容易使人醉。

至于不含酒精的软饮料，一般是不含糖分的在先，含糖分的在后；无汽的在先，有汽的在后。

宴席不可无酒，纯粹的中餐应该避免啤酒、欧洲葡萄酒。当然，中亚的如波斯葡萄酒是可以的。

一般来说，中餐用酒与西餐用酒不同，也没有那么复杂。但这并不是说中餐点酒无章可循。下面是中餐宴席饮用酒水的一般程序。

⑴餐前用饮料。餐前，中国人一般饮茶或软饮料，以饮茶居多，而不像西方人饮餐前酒。软饮料通常是碳酸饮料，但是也可能会有客人点果汁、蒸馏水或者矿泉水。多数客人在选定一种饮料后，用餐过程中不再更换。在这里，建议餐前饮料不要点果汁类，因为口味浓郁的果汁会冲淡饭菜的味道。

⑵佐餐酒。餐中，常选用度数较高的白酒或者度数较低的红葡萄酒或者啤酒。宴会上，很熟悉的客人也许会自己点自己喜爱的酒，但宴席有多桌时，每桌选用的酒品要相对统一，这样才能在敬酒、劝酒时显得更为公平、和谐。

⑶餐后饮料。中餐一般用茶水作为餐后饮料。在民间，人们认为茶水具有止渴、解酒、帮助消化的功能。根据我国许多地方的饮食文化和传统，宴席上所斟的酒大多必须在上最后一道菜之前“门前清”，同时也宣告饮酒活动告一段落，此后一般不饮用酒精类的饮料了，故吃中餐很少喝餐后酒。但是如果是朋友间相聚，酒兴未尽，则另当别论。

## 掌握点主食的技巧

在中国的膳食结构中，有主食和副食之分。但是大凡宴会，往往只饮酒吃菜，不进主食，即使进主食，也是象征性的，多数赴宴者酒足菜饱就难以问津主食，这对健康是不利的。作为宴席内容的一个重要方面，宴席主食的配备必须遵循一些规律。

**1.了解客人对主食点心的喜好**

我国北方人的饮食口味偏重于浓厚，他们以面粉为主食，喜欢吃面食品，如水饺、馒头、面条等，并喜吃油重、色浓、味咸和酥烂的面食。东北地区居民喜吃杂粮类面食品。北方面食品注重变化多样、味美浓醇。

生活在长江流域以南的人，一般的饮食特点是“口味清淡，以鲜为贵”，他们一般以大米为主食，对米类制品比较感兴趣，如米饼、米糕。面点制品注重小巧，讲究精美、适口。

为此，在点主食时，要了解宾客的国籍、民族、宗教、职业、年龄、性别、体质和嗜好忌讳，并依此确定主食的品种，做到重点保证主宾，同时兼顾其他。如北方人喜欢吃味浓厚的面食，南方人喜欢吃清淡爽口的细点心，小孩喜欢吃细巧变化的小点心，老人喜欢吃粗粮软点心等。掌握宾客的饮食习惯，才能使宴请达到最佳效果。

**2.根据时令选择主食**

宴席春、夏、秋、冬四季有别，菜肴如此，主食亦然。主食的季节性可从两方面考虑，即与宴请的季节适应、和这一季节里生物周期生长规律相协调，这样就可使整个宴席风味盎然。

春季，气候变暖，人们喜爱不浓不淡的食品，配席面点则可上春卷、荠菜包子等。同时，春季也正是植物芬芳吐艳的季节，可以配一些以“杏花”“梨花”“桃花”命名的具有自然风采的面点。

夏季是百花争艳、鸟语花香的季节，酷暑炎热，味觉自然有些变化。这时，宴请客人点的主食既要有消暑、清凉之作用，如伦敦糕、如意凉卷、双凉团等，又要体现季节特色的面点，如荷花酥、鲜花饼、绿豆糕等。

秋季，菊黄蟹肥，天气转凉，如点菊花酥、蟹黄汤包、葵花盒子等，寓意收获，可唤起食客无限的秋思和遐想。

冬季，气候寒冷，且是梅花傲霜斗雪之季，如点梅花饺、雪花酥等有象征意义的面点，可起到烘托宴席气氛的作用。

主食与我国民风食俗有着很多联系，如果宴席的日期与我国某个民间节日临近，主食也要相应安排。如春季宴请正赶上端午节，各种粽子制品可即席配备；春节可配食年糕、春卷等；元宵节可配食汤圆、元宵；清明节可配食青团(又名翡翠团子)、酒酿饼；中秋节可配上月饼等。

**3.根据宴席的规格、主题选择主食**

宴席的规格有高、中、普通三级，与之相应，主食可从用料的高低、馅心的粗精、成形的繁简几方面来选择。主食要适应宴席的价格和规格，才能使席面上的菜肴质量与主食质量相匹配，达到整体协调一致。

## 识破点菜中的陷阱

很多人有过这样的经验：有些饭店的菜单“口才”很好，如“年年有余”“春色满园”“团团圆圆”等，但并不标明用什么原料。如将萝卜、白菜等蔬菜烹制的菜肴取名为“金玉满堂”“平步青云”等，如此一来，菜价也随之翻了几番。有些饭店在菜的量上做文章，上的全是小盘，不够吃，食客只得临时加菜。宴请者一旦“中招”，经济受损还是其次，重要的是给你宴请的人带来不良印象，潜在的损失可能就更大了。所以，点菜时务必聪明些，以免掉进陷阱。

点菜中的陷阱主要有：

**1.原料陷阱**

一是原料缺斤短两。该用200克海参烹制的菜肴，一些饭店只用100克。或者菜单上是整鸡，端上来的鸡却缺胳膊少腿。还有，“水煮鱼”里多是豆芽、粉条、白菜等，而作为主角的鱼却非常少。

二是原料不新鲜。有些酒楼、餐馆的经营者对海鲜类食品采取以大换小、以死充活的方式偷梁换柱，坑骗消费者。

三是原料材质名实不符。比如同样是海参扒肘，上等的海参和下等的海参价格上差别较大，一般消费者区别不出来。同样是八荤四素，配料上也有很大差别。

**2.阴阳菜单**

点菜时，一定要看清菜单以及所点每道菜的单价，并留心结账时的账单。因为有些酒店常常打埋伏，使用"阴阳菜单"进行价格欺诈。若发现其中有误，可先招呼附近的服务员前来，轻声告诉他哪些地方算得可能有错，请他帮你到柜台再查算一下，直到所有疑点都弄清楚了再付账。当然，"阴阳菜单"属于欺诈行为，消费者也可按照消费者权益保护法要求赔偿其受到的损失。

**3.点菜论斤，结账按两**

有关专家指出，利用单位换算和群众习惯的消费心理，设陷阱，套顾客，玩"斤两"把戏，是一些不法经营者常用的一种手法。因此，消费者到酒店和饭馆消费时，不但要听，更要认真地看；不仅要看点过菜的菜单，更要看每道菜后面的价格，包括酒水的价格。要在消费前弄清自己所要消费的价位，不要给不法经营者留下可乘之机。如遇收费不合理，除了当即指出外，还要迅速向当地工商行政机关和消费者协会投诉。

**4.偷梁换柱**

周先生到一酒楼就餐时，在海鲜房点了四只肥蟹，总计1200克。当服务员将蒸好的肥蟹端上来时，周先生发现自己挑选的肥蟹明显"减肥"了，个头小了许多，很显然是在制作过程中被"偷梁换柱"了。

据了解，一些酒楼、餐馆最愿意对海鲜类食品"做手脚"，他们往往采取将大换小、以死充活等伎俩欺骗消费者，就餐时一定要注意。

### 5.隐性收费

消费者点菜时店家没有说明具体收费情况，待消费者就餐后巧立名目收费，一杯茶、一块热毛巾、一包餐巾纸，或许还有一小盘花生、酱黄豆之类的开胃菜，都要消费者掏腰包。还有些餐馆的酒水饮料价格往往不明示给消费者，或包间菜价高于大堂菜价。

### 6.服务员的极力推荐

点菜时，服务生一般会极力推荐最贵的菜，你可以微笑着听完，但绝不可点头。又好吃又实惠的菜要自己去找。

对付这种很讨厌的推销式介绍，可采用非暴力不合作的方式。首先对其介绍不予理睬，沉默以待，要么就顾左右而言他，令其知难而退。如果服务员假装不理解，赖着不走，你就告诉他你们需要先看一下菜谱，请他过一会儿再过来。实在不行的话，就说先点两个菜尝尝，一会儿再点，如果是朋友一起吃饭，两个菜尝完后结账走人；如是不熟悉的客人，就只有放开量再吃两个了！

### 7.饭店的极力宣传

当前，不少餐馆饭店采取了“吃多少元返多少元”代金券的促销办法。但是，当顾客下次就餐出示代金券时，店方却以“这种券只能在一天中的某个时段使用”“这种券只对特设的某些特价菜有用”等理由搪塞，还有些餐厅以特价菜不能使用贵宾卡为由让顾客吃哑巴亏。所以，为了不至于掉进商家精心设计的圈套，一定要在点菜时把商家要“宰”你的借口想周全，尽力攻破它们。

## 第八章

# 频频举杯:敬酒是一种艺术

"酒文化"是一个既古老而又新鲜的话题。现代人在交际过程中,酒已经越来越多地发挥着其独特的作用。所以,探索一下酒桌上的"奥妙",有助于你交际成功。在宴会上祝酒,不但要有精妙的祝酒词,还要有恰当的方法才能奏效。中国是礼仪之邦,就是饮酒也有不少礼仪规范。了解并熟练掌握这些规则和习俗,不仅能使你在酒桌上顺风顺水、挥洒自如,更能显出你良好的修养和出色的交际能力。

# 礼仪斟酒有学问

喝酒有许多礼节、习俗。就说斟酒吧，中国有句话叫“酒满情深”，就是说斟酒以满为敬。但这个“满”可不能理解为得溢出来，而是指达到杯中的八成就行了。主人为来宾所斟的酒，应当是本次宴会上最好的酒，并应当场启封。正式宴会上，饮不同的酒要用不同的酒杯；酒的种类不同，斟酒的标准与顺序也有所不同。

**1.斟酒的量**

斟酒需要适量。斟白酒(烈性酒类)、红葡萄酒入杯中应为八分满；斟白葡萄酒入杯中应为六分满；斟白兰地酒入杯中应为一个斟倒量(1／2)，即将酒杯横放时，杯中酒液与杯口齐平；斟香槟酒入杯中时，应先斟到1／3，待酒中泡沫消退后，再往杯中续斟至七分满即可；斟啤酒，第一杯时应使酒液顺杯壁滑入杯中呈八成酒二成沫；调鸡尾酒时，酒液入杯占杯子的三成即可，这样既便于观赏，又便于客人端拿饮用；冰水入杯一般为半杯水加入适量的冰块，不加冰块时应斟满水杯的3／4；黄酒应斟八分满。

**2.斟酒的顺序**

一般来讲，酒席、宴会上斟酒应从主宾位开始，再主人位，然后按顺时针方向依次为客人斟酒。作为主人，要首先为客人斟酒。酒瓶要当场打开，饮者的酒杯大小要一致。如在座的有年长者，或者远道来的客人，或者职务较高者，要先给他们斟酒。如不是这种情况，可按顺时针方向依次斟酒。

由于宴会的规格、对象、出席者的民族风俗习惯不同，斟酒顺序也有不同，应灵活掌握。

宴请亚洲地区客人时，如主宾是男士，则应先斟男主宾位，再斟女主宾位；对主人及其他宾客，则可按顺时针方向绕台依次进行，或先斟来宾位，最后为主人斟酒，以表示主人对来宾的尊敬。

为欧美客人斟酒时，则应先斟女主宾位，再斟男主宾位。

高级宴会常规的斟酒顺序是：先斟主宾位，后斟主人位，再斟其他客人位。如果由两人同时为一桌客人斟酒时，则一个从主宾开始，另一个从副主宾开始，按顺时针方向依次绕台进行。

一般来说，除主人和服务人员外，其他宾客最好不要自行给别人斟酒。如果主人亲自斟酒，宾客要端起酒杯致谢，必要时应起立以示恭敬。

在大型商务餐会上，一般都是由服务人员来斟酒。在服务员斟酒时，勿忘道谢，但不必拿起酒杯。

**3.斟酒的方法**

斟酒时，每斟完一杯，要把酒瓶稍收后顺手往右轻轻一旋，以免酒水溢出流滴到桌面或客人身上。如果你同时准备了红酒和白酒，请把两种酒瓶分放在桌子两端。绝对不要让客人用同一个杯子喝两种酒，这是基本礼貌。

斟酒时，酒杯应放在餐桌上，酒瓶不要碰到杯口。拿酒杯的姿势因酒杯不同而有所区别。高脚酒杯应以手指捏住杯腿，短脚酒杯则应用手掌托住酒杯。

别人为你斟酒时亦可以向其回敬以“叩指礼”，特别是自己的身份比主人身份高的时候。方法是以右手拇指、食指、中指捏在一起，指尖向下轻叩几下桌面。这种方法适用于中餐宴会，它表示向对方致敬。

倒啤酒时，应用两只手握着酒瓶，将酒慢慢斟入杯中，否则会起很多泡沫甚至溢出杯子。当他人要为你倒酒时，用手拿起杯子并稍微倾斜较好。

斟酒时，要注意面面俱到，一视同仁，不能只为个别人斟酒，这是非常没有礼貌的。

# 饮好开头两杯酒

祝酒为什么要碰杯？目前有两种说法。一种说法这种方式是古希腊人创造的。传说古希腊人注意到这样一个事实，在举杯饮酒之时，人的五官都可以分享到酒的乐趣：鼻子能嗅到酒的香味，眼睛能看到酒的颜色，舌头能够辨别酒味，而只有耳朵被排除在这一享受之外。怎么办呢？古希腊人想出一个办法，在喝酒之前互相碰一下杯子，杯子发出清脆的响声传到耳朵中，这样耳朵就和其他器官一样，也能享受到饮酒的乐趣了。另一种说法是，喝酒碰杯起源于古罗马。古罗马崇尚武功，常常开展“角力”竞技。竞技前选手们习惯于饮酒，以示相互勉励。由于酒是事先准备的，为了防止心术不正的人在给对方喝的酒中放毒药，人们想出一种防范方法，即在“角力”前，双方各将自己的酒向对方的酒杯中倾注一些。以后，这样的碰杯便逐渐发展成为一种礼仪。

中国是礼仪之邦，就是饮酒也有不少礼仪规定和礼仪规范。了解并熟练掌握这些规则和习俗，不仅能使你在酒桌上顺风顺水、挥洒自如，更能显出你良好的修养和出色的交际能力。

**1.第一杯酒，礼貌有加**

好的开端是成功的一半。有一个良好的开端，事情的成功就有了基础。因此，第一杯酒十分重要。宴会上的第一杯酒好比一场表演的开场，能否吸引住观众，对后面的影响很大。第一杯酒往往能为整场宴会定下基调，开头顺畅，下面接着也就顺畅了；开头不顺畅，后面的气氛就不大容易调动。

在正式场合，一般由主人举杯，在家宴上一般由晚辈向长辈敬酒，友人间的欢宴由年长者先行举杯，或由召集者先行举杯。

第一杯酒，一定要饱含祝福，为的是后面的“杯莫停”。这一杯是后面感情酒的基础，即使不想拼酒，也要努力为后面的欢愉场面打下基础。因此，举第一杯酒，要区别不同情况以礼待之。

如果是在庄重的外事场合，第一杯酒不但要礼貌有加，而且必须注意来宾的身份及风俗习惯，祝酒既要体现应有的热情，又要不卑不亢，绝不能强人所难，自己喝多少就一定让对方陪饮多少，这样不但不能达到热情接待的目的，还会造成负面效应。要饮酒有度，热情适度，把握尺度，展现风度。

如果是商务宴请，第一杯酒就关系到后来宴会发展的风格。那么，这杯酒就要把握住自己不醉，还要让客人尽兴。要有大家风范，不论会谈气氛怎样不愉快，都要尽地主之谊，为宴会后的谈判打下基础。因此，祝酒时既要热情有度，又不能与来宾拼酒，以免造成来宾的反感，影响之后的正式会谈。只有掌握以礼敬酒，以情祝酒，以智行酒，方能达到目的。

如果是家宴、喜宴、庆典宴，第一杯酒虽然不必太考虑宴会上的商战斗智，但同样必须体现宴会的主题、主人的盛情、对来宾光临的企盼与欢迎。如果是友人小酌，则大可不必拘泥于形式，越是实在、贴切，越能使人感到亲切，更能让人开怀畅饮。

千言万语融于酒，倾觞恭贺千杯百盏尽看开头。假如第一杯酒能够充满感情、礼仪得体，那么后面的敬酒当然会顺畅得多。

**2.第二杯酒，杯盛热情**

一般的宴会，主人敬酒后由主宾举杯，作为礼仪性的回敬，然后宴会便进入相互敬酒阶段。由于第一杯酒已经把宴会的主题、宴会的目的、宴会对来宾的良好祝福等表达出来，这时再次互相举杯就要注重以情祝酒，杯盛热情，将热切感人的话语融入杯中献给来宾。

如果是商战场合，更要融入深情。合作会谈情为先，酒品如人品，情通事就通。如果能通过自己的深情融会双方的情感，那么，一些争论和分歧也会得到缓和和化解。

如果是朋友小酌，或家宴便宴，也需要借酒抒情。通过热情洋溢的祝词，用酒使大家融情，使大家抒怀。

如在一次友人聚会上，东道主祝酒后，一位友人站起来为大家“以情祝酒”。

“……各位朋友，让我们举起青春的金杯，大海一样深情的美酒在心底交汇，啜饮生活的芳菲，溶进心田绽开友谊的花朵。为了希望，为了明日的光辉，为了大家心花怒放，为了激情让人陶醉，为祝福生意通达、财源滚滚，为祝福事业有成、展翅高飞，干杯！”

一番深情的祝酒，燃起了所有宴会参加者的激情，大家纷纷举杯，开怀畅饮，兴致高涨。

## 敬酒的方式及注意事项

中国人的好客，在酒席上发挥得淋漓尽致。人与人的感情交流往往在敬酒时得到升华。为了劝酒，酒席上有许多趣话，如“感情深，一口闷；感情浅，舔一舔”。劝人饮酒有如下几种方式：“文敬”“回敬”“互敬”“罚敬”。

**1.敬酒的几种方式**

(1) 文敬：这是传统酒德的一种体现，即有礼有节地劝客人饮酒。酒席开始，往往在主人讲上几句话后便开始了第一次敬酒。这时，宾主都要起立，主人先将杯中的酒一饮而尽，并将空酒杯口朝下，说明自己已经喝完，以示对客人的尊重。客人一般也要喝完。在席间，主人往往还要分别到各桌去敬酒。

⑵回敬：客人向主人敬酒。

⑶互敬：客人与客人之间敬酒，为了使对方多饮酒，敬酒者会找出种种让对方必须喝酒的理由，若被敬酒者无法找出反驳的理由就得喝酒。在这种双方寻找论据的同时，人与人的感情交流得到升华。

⑷罚敬：这是中国人敬酒的一种独特方式，也就是“罚酒”。罚酒的理由也是五花八门，最为常见的可能是对赴宴迟到者的“罚酒三杯”。有时也不免带点儿玩笑的性质。

**2.正式敬酒和普通敬酒时间的区别**

频频举杯祝酒，会使现场气氛热烈而欢快。但是，敬酒分为正式敬酒和普通敬酒两类，应严格加以区分。

正式敬酒一般是在宾主入席、用餐开始前。而且一般都是由主人来敬，同时主人还要致以较为正式的祝酒词。有时候，也可以选择在吃过主菜之后、上甜品之前致祝酒词。总之，应安排在特定的时间进行，且以不影响来宾用餐为首要考虑。

而普通敬酒，只要是在正式敬酒之后就可以开始了。但要注意的是，敬酒需选在对方更为方便的时候，比如对方当时没有和其他人敬酒，嘴里也不在咀嚼，即你认为对方可能愿意接受敬酒的时候。而且，如果向同一个人敬酒，应该等候身份比自己高的人敬过之后再敬。

所以，如果你是主人，你应该首先举杯，说些场面话；如果你是客人，则应等主人敬酒后再敬酒。

**3.敬酒的顺序**

一般情况下，敬酒应该视年龄大小、职位高低、宾主身份排序，因此事先一定要考虑好敬酒的顺序，分清主次，避免出现尴尬的情况。假如是与不熟悉的人在一起喝酒，可以根据统一的顺序，如先从自己身边起，按照顺时针方向开始敬酒，或是从左到右、从右到左敬酒，等等。也可以事先打听一下客人的身份，或者留意别人如何相互称呼，做到心中有数，避免出现尴尬或伤感情的局面。

在正式宴席上，一般先由主人向列席的来宾或客人敬酒，会饮酒的人则回敬一杯。如果宴席规模较大，主人则应依次到各桌敬酒，而各桌可由一位代表到主人所在的餐桌上回敬。

向外宾敬酒时，应按礼宾顺序由主人首先向主宾敬酒。在国外，正式宴席上通常由男主人首先举杯敬酒，并请客人们共同举杯。

正式宴会上，女士一般不宜首先提出为主人、上级、长辈、男士的健康干杯。

**4.注意事项**

在餐会上，饮酒特别是祝酒、敬酒时的“干杯”需要有人率先提议，可以是主人、主宾，也可以是在场的人。提议干杯时，应起身站立，右手端起酒杯，或者用右手拿酒杯，再以左手托扶杯底，面带微笑，目视祝酒对象说出祝福的话。

席间碰杯有很多规矩。通常是主人和主宾先碰，然后主人与其他客人一一碰杯。人多时可同时举杯示意，不一定要碰杯。碰杯时要双目平视对方致意。宴会上的相互敬酒可以活跃气氛，但要适度，不要勉强他人。本人应控制酒量，如不会饮酒，可事先言明喝饮料，切不可因饮酒过多而失言、失态。

有人提议干杯后，要手拿酒杯起身站立。即使是滴酒不沾，也要拿起杯子做做样子。将酒杯举到与眼睛平齐的高度，说“干杯”后，将酒一饮而尽或喝适量。然后，还要手拿酒杯与提议者对视一下，这个过程就算结束。

吃中餐时，干杯前，可以和对方碰一下酒杯；敬酒碰杯的时候，应该让自己的酒杯低于对方的酒杯口，以表示你对对方的尊敬。用酒杯杯底轻碰桌面，也可以表示和对方碰杯，当你离对方比较远时，完全可以用这种方式代劳。如果主人亲自敬酒干杯后，要回敬主人，和他再干一杯。

祝酒时，不要交叉碰杯。在主人和主宾致辞、祝酒时，其他人应暂停进餐，停止交谈并注意倾听。

在很多情况下，敬酒就意味着干杯，即将杯中酒喝干。有些人借敬酒之名行灌醉别人之实，甚至偷偷在别人饮料中倒上烈性酒，这些都是有违礼仪要求的。

## 掌握临时祝酒的绝招

俗话说，无酒不言商，许多大生意都是在酒桌上办成的。酒是感情的润滑剂，能否发挥其最大功效，就看你如何运用。其实，喝酒只是一种形式，真正起作用的还是推杯换盏间的溢美之词。只要你适当运用自己的口才，就能“喝”出名堂来。

在毫无准备的情况下被推举出来祝酒，可能是非常令人紧张的。此时，最好的解决办法就是说出你的感受。此时说出几句发自内心的祝福或者愿望，可能比空洞的长篇大论更有味道。

### 1.把握要领

不要认为你至少应该说上10分钟，这是种错误的想法。致祝酒词的三大基本要素是真诚、清楚和简练，如果你没有事先的精心准备，做到这三点就可以了。但是，在发表即席祝酒词之前，你必须了解究竟有哪些人参加了这次宴会，如果有重要的人物参加，应当事先了解如何正确地称呼他们。

**2.注重平时积累**

即兴祝词，需要随时根据宴会的现场情况和气氛组织语言。事先拿着准备好的祝词或者事先打好腹稿的祝词能引起宴会参加者的共鸣和欢迎，而结合场面的即兴祝词更会受到人们的青睐。在这里，需要致辞人具有丰富的文化修养和出色的口才，你可以依据当天的宴会主题和客人情况研究一些名言和警句，届时加上美酒助兴，你的致辞一定会对参加宴会者的心灵形成巨大的冲击力，增强宴会的热烈气氛。

在祝酒词中适当引用成语、名言、典故、诗词，能使你的讲话更有感染力。

1984年，缅甸总统吴山友访问上海，上海市长在祝酒词中引用了陈毅元帅《致缅甸友人》的诗句："我住江之头，君住江之尾。彼此情无限，共饮一江水。"大家都知道中缅交界只有一江之隔，两岸人民共饮一江水。话语亲切，表达了中缅两国人民之间的情谊，外宾当然十分高兴。还有一次，一位中央领导访问朝鲜，在告别宴会上祝酒时，引用李白《赠汪伦》诗中"桃花潭水深千尺，不及汪伦送我情"的诗句来热情赞誉主人的深情厚谊，赢得了朝鲜人民的认同。

## 独树一帜的祝酒词最具感染力

饮下几杯酒后，酒宴往往会进入一种稍稍舒缓的气氛中。这时作为主人一方需要尽地主之谊，还要继续敬酒，以将宴会气氛推向高潮。

祝酒时，“引经据典”并不一定要引用经典文艺作品，才能祝酒乐饮千觞。这里的“引经据典”可以聊一些双方感兴趣的能够增进友谊的经历或趣闻逸事。对此，无论是政治家的宴会还是商务酒会，特别是友人聚会，都是必不可缺的。

1972年在周恩来总理接待尼克松的宴会上，宾主双方正式祝酒之后，尼克松总统和周恩来总理谈起了茅台酒。尼克松说：“我在书中曾读过这样一段故事，说红军长征途中攻占了生产茅台酒的茅台镇，把镇里的茅台酒全喝光了。”周恩来说：“长征路上，茅台酒被我们看作包治百病的万应良药，洗伤、镇痛、解毒、治伤风感冒。”尼克松举杯说：“让我们为这‘万应良药’干杯！”

如果你要使酒宴按照宴会的目的高潮迭起，必须能够频频举杯，而“劝君更进一杯酒”，必须具备一定的酒桌“硬功夫”。酒宴越是临近结束，劝酒就越发困难。所以，要想频频举杯与客人畅饮，就得靠标新立异、新颖别致的话题出奇制胜，收到凝聚万般情的效果。

如在一个商务交往宴会上，十分需要借助酒兴沟通双方，可是无论怎样敬酒，客人都礼貌地表示难以从命。而事先宴请方得知，这个客人如果酒不尽兴，就难以合作。此时，一位擅长应酬的副总经理见状举杯说道：“各位来宾，我给大家再敬杯酒，这杯酒我借着刚刚呈上来的这盘‘浇汁鱼’向各位表示衷心的祝福之情。如果各位认为我说得对，就请干杯。你们看，吃鱼头，独占鳌头；吃鱼腮，满面灵气；吃鱼眼，珠玉满目；吃鱼唇，唇齿相依；吃鱼骨，中流砥柱；吃鱼鳞，连年有余；吃鱼腹，推心置腹；吃鱼背，备感亲密；吃鱼子，财智无数；吃鱼尾，机敏迅疾！让我们共同举杯，为吃鱼给我们带来的连年有余、事事如意，干杯！”来宾都被他风趣幽默、独树一帜的祝酒词所感染，不但立即举杯畅饮，而且那位最重要的客人还表示愿意自己多喝一杯，让那位副总经理教他这套吃鱼的酒令。

在酒宴上为了劝酒而采取“即物生情”的办法往往出奇制胜，屡屡成功。人们不仅可以从吃鱼上说起，也可以从吃鸡、鸭以及各种菜肴中引申出祝酒词。当然，采用这种方法祝酒需要掌握好一定的时机和技巧。

还有一种应景生情的敬酒方法，即根据周围环境“借题发挥”。假如宴会地点选在风景优美的地方，而客人又是第一次来到这个地方，那么周围环境是一个很好的敬酒由头。

应景生情还可以灵活机变，自然引申。如在接待客商的宴会上，宾主谈起了多变的股市，为了达到劝酒的目的，东道主借这个话题向来宾祝酒：“各位，我虽然不太精通随时变化的股市行情，可我觉得这个股的名称一样能表达我们祝福的心情。我们希望大家常来这里‘望春花’，观‘大东海’，赏‘哈天鹅’，使友谊长在‘豫白鹤’，愿这杯酒把我们用‘胶带股份’连在一起，愿我们的感情像‘北满特钢’‘上海永久’。让我们举起‘湖北金杯’，斟满‘泸州老窖’，为各位来宾‘金果实业’‘深发展’，‘捷利股份’‘厦海发’，干杯！”这见机而作的股名祝词自然激起了来宾的兴趣，纷纷举杯一饮而尽。

## 文明劝酒要见机行事

正如任何场合都有相应的礼仪一样，生意应酬之中，喝酒有一定的讲究。喝酒能反映出一个人的格调、品位和文明程度。有些人喝酒时，举起酒杯看也不看便一饮而尽，甚至显得粗俗不堪。而会喝酒的人则截然不同，他们懂得怎样品酒和劝酒。

在生意场上，如果对方要你干杯，你就必须将酒喝完，以表示对对方的祝福,此时的谢绝是不礼貌的。假如你实在不会喝酒,也必须象征性地喝一口,以示礼貌。在干杯的时候,酒杯不要举得太高,以不超过自己的视线范围为佳。如果对方是站起来向你敬酒的话,你也一定要站起来,因为平起平坐才是应有的礼貌,它表示一种平等和尊重。假如人家站着向你敬酒,你却像皇帝一般坐在那里纹丝不动,则是一种极其傲慢和不尊重的做法,会令人产生反感。

祝酒是一种艺术。一个杰出的“祝酒专家”,不仅善于祝酒,还善于闻出对方致辞中的“韵味”,进而机敏地、恰如其分地做出反应。祝酒有许多规矩和讲究,尤其在正式的公务宴会上,更要注意祝酒的礼仪,否则轻则出洋相,重则有损公务形象。具体来说以下几点要注意。

**1.看准对象**

劝酒的时候一定要看准对象,因为并不是酒桌上的每个人都要劝并且都能劝的。首先,对酒量小的人不要劝。人家本来就喝不了太多酒,如果再劝的话,就难为人家了。其次,对喝酒特别实在的人,比如你倒多少他就喝多少的人,也不要劝。这样的人自己就能喝好,也能把握好度,如果你劝的话,一定会让他控制不住这个度而喝多。最后,和女士一起吃饭的时候不要劝酒,对女士劝酒是不礼貌的。

那么,对什么人劝酒最合适又很有效呢?一般认为是酒量较大但还没有喝多少酒的人。这样,对方既能感受到你的热情,又不会喝多出丑,从而欣然接受。

**2.把握时机**

(1)宴会刚开始的时候不要劝酒,因为这时候每个人都会根据自己的酒量适当喝一些,这时劝酒显得多此一举。不劝也能喝,何必非要劝呢?

(2)宴席要结束的时候也不要劝酒。“天下没有不散的宴席”,大家其实都已经喝得差不多了,倘若你再劝酒,就显得有些强人所难。而且,宴会结束时劝酒还容易让别人喝多。喝多之后，酒后失态是小事，如果发生其他意外，恐怕就后悔莫及了。

⑶最佳的劝酒时机是宴席进行到一半的时候，这时候劝酒最能活跃气氛，也最容易成功。

**3.分清场合**

⑴最适合劝酒的场合应该是在具有喜庆气氛的酒桌上，如新婚之喜、升学之喜、乔迁之喜等。

⑵有些场合不适宜劝酒。比如，不太熟悉的人第一次坐在酒桌上，互相不了解对方的性格和酒量，就不宜过分劝酒，即使劝也要注意分寸。再比如，在别人悲伤的时候喝酒不宜劝酒。因为对方本来心情就不好，所谓“借酒消愁愁更愁”，如果再一味地劝酒，就极容易让对方喝多。另外，上下级在一起喝酒的时候不宜劝酒。下级劝上级喝酒的方法本来就不多，最后往往以牺牲自己为代价；相反，上级劝下级时，下级却不能不喝。

**4.劝酒语要文明**

劝酒的时候，劝酒语绝对不能粗俗，要文明、真诚，体现出当时酒桌的氛围。比如，“为我们初次合作就取得了圆满成功，干一杯”“感谢您给我无私的帮助和热情的鼓励，我敬您一杯”。像这样文明高雅的劝酒语，能恰当地表达敬酒者的心情，且令人回味。而不雅的劝酒语则会暴露出一个人的粗俗，是失态的表现。不管是好友聚会还是商务宴请，如果不能确定言语的效果，还是小心为妙。

总之，在劝酒的时候要把握好分寸，因人而异，因地而异。否则，盲目地劝酒不但起不到调节气氛的作用，还容易节外生枝，使原本友好的关系产生裂痕，甚至发生其他意想不到的后果。

# 机智敬酒有良方

俗话说“无酒不成宴”，生意人在交际应酬时，自然是少不了饭局和酒场。许多生意在酒桌上的成功率要远远高于在办公室。但是，为了提高酒桌上的办事效率，生意人不应胡喝海喝，而应该通晓酒桌上的学问。

在酒桌上，既要让对方尽其所能，又要活跃气氛，此外还不伤和气、不损面子，这是劝酒者的基本“责任”。劝酒要文明，劝酒不成而恼羞成怒，劝酒不成而反目，都是无礼无德又不近人情的行为。文明劝酒并不难，重在动之以情，晓之以理。

**1.强调场合的特殊意义**

人逢喜事精神爽。有些人从不喝酒或喝得不多，但在一些特殊的喜庆场合就愿意喝两口或多喝几杯。一方面是心里高兴，一方面也是场合的特殊性使然。那么，劝酒者在劝酒时不妨多强调一下此场合的重要性、特殊性，指出它对于对方的价值与意义。这样既能激发对方的喜悦感、幸福感、荣誉感，又使他碍于特定的场合而不得不愉快地再饮一杯。如在婚礼上向新郎的父亲劝酒，可以这样说：“大叔，您可别忘了今天是什么日子！今天可是您儿子的大喜日子，您辛辛苦苦给他攒钱、盖房子，不就是盼着看到这一天吗？看着如花似玉的儿媳妇进了家门，您就不打心眼里高兴？一辈子就这一次，您不快举起酒杯多喝两盅还等什么呢？”

**2.挑出对方无伤大雅的毛病罚酒三杯**

“罚酒三杯”是中国人劝酒的独特方式。罚酒的理由五花八门，最为常用的是对酒席迟到者“罚酒三杯”。

使用此方式劝酒还要充分调动其他在场者的力量，争取让大家认同自己的说法，然后鼓动他们一起给对方施加压力。一般来说，只要挑出的“毛病”不是牵强附会或无理取闹，而且注意用语的恰当、幽默，那么对方是不会产生反感的。

朋友举行婚礼，小李迟到了5分钟，此时就可用挑毛病的方式劝酒：“好，这下大家都看见了，迟到5分钟！现在公司里迟到1分钟都要扣奖金，你迟到了5分钟，你自己说该罚不该罚？”小李只好拼命点头，一仰头喝了一杯。

**3.赞美对方，满足其虚荣心**

人对于赞美的抵抗力往往是微弱的，特别是在酒桌上，热闹的气氛使得人的虚荣心很容易膨胀起来，而虚荣心一膨胀，人就免不了要做出一些超出常规的“豪壮之举”。另外，在酒桌上赞美对方的酒量或学习成绩、工作成绩，如果对方仍坚持不喝，就会牵涉面子问题，酒桌上众人的眼光会给他造成一种无形的压力：既然你能喝，既然事业这么得意，连杯酒都不愿喝，是瞧不起我们吗？这种压力是对方很容易感觉到的，因而他迫于压力也得拿起酒杯。

**4.适当让步，以退为进**

对于酒量有限的人，过分劝酒显然不太好，不妨适当让步，自己喝一杯，别人喝半杯，或改喝低度酒，以此达到劝酒的目的。对方在你的让步下一般不会再推托，多少总要饮一些。

**5.幽默劝酒令人心动**

劝酒是中国的独特现象。很多已经不打算喝酒的人，在劝酒的过程中碍于情面都不得不喝一点酒。劝酒的诀窍在于合理运用幽默。倘若在劝酒时能适时地幽默一下，无异于给丰盛的宴请增添一剂新鲜的调味料，吃饭饮酒都多了几分味道。

国画大师张大千有一段流传很广的劝酒佳话：1946年初夏，张大千在上海小住后要返回四川老家，弟子们为他设宴饯行，请来了梅兰芳等社会名流。梅兰芳平日是滴酒不沾的，这一次，张大千却面带笑容来到梅兰芳面前，举起杯子说："梅先生，你是君子，我是'小人'，我先敬你一杯！"此语一出，四座愕然。张大千先生却朗声笑道："你是君子——动口，我是'小人'——动手！"满座宾客恍然大悟，顿时笑声四起。梅先生更是乐不可支，欣然举杯，一饮而尽。张大千这句劝酒词妙就妙在一语双关："动口"既指梅是唱戏的又表示请梅喝酒，"动手"既指自己是作画的又表示自己要敬酒。

第九章

# 挡酒技巧：成为酒桌上的长清客

从某种意义上说，喝酒能体现一个人的品德，特别是有时为了商务和交往，更需要保持酒后的清醒头脑和良好形象。醉酒不是寻常事。一个人酒后最容易吐真言，露真容，从这个角度来看，酒是杀伤力极大的武器。很多时候，在觥筹交错的宴席场合，人们常常处于为了生意和应酬不得不喝，同时为了保持清醒和形象又最好不喝的尴尬境地。风度儒雅、机智礼貌、言语得体地拒酒于唇外、融情于心中，是每一个经常出入于交际场合的人需要注意积累和掌握的技巧。如此，我们才可以"却酒不失礼，拒酒结情谊"。

## 以礼还礼拒酒，智在不伤和气

宾主双方出于礼貌、礼仪，以礼祝酒。这种祝酒方式的特点是彬彬有礼。以礼貌的办法祝酒，更让人无法回绝。特别是主人的盛情配之以有准备的礼貌得体、热情洋溢的语言，的确令人无法回避。

例如，在某县的招商引资酒会上，县招商局局长举杯祝酒。他端起一只小酒杯，桌子上放着一只大酒杯，说道："尊敬的各位来宾，我们十分欢迎各位嘉宾到我县洽谈合作。为了表达我们的诚意，我向各位敬酒。我们这里有一个特殊的习惯，为了表达我们对最尊贵的客人的敬重，我要代表全县110万人民向各位敬十杯酒。这第一杯酒，是一见如故，一切如意，一路顺风；第二杯酒，是两方合作，双方携手，二月春风；这第三杯酒，是三阳开泰，三星在户，三江深情；这第四杯酒，是四通八达，四面进财，四海升平；这第五杯酒，是五子登科，五福临门，五谷丰登；这第六杯酒，是六六大顺，六韬三略，六合丰功；这第七杯酒，是七鸟朝阳，七杯见底，七色彩虹；这第八杯酒，是八音迭奏，八方风雨，八面来风；这第九杯酒，是九九归一，九天揽月，九色凤鸣；这第十杯酒，是十全十美，十分倾心，十分欢迎。"当然，他在说每一杯的同时，都十分认真地用小杯向大杯里倒上一杯酒。

面对如此敬酒，众来宾大惊失色。简单回绝已无法抵挡，而敬酒者在大家的一片叫好声中将一大杯酒一饮而尽，然后把杯底向客人展示了一下，等着看客人怎么喝这杯酒。这是以礼敬酒的典型范例。人家既没有强拼强劝，也没有非让你喝不可，可是如果少喝一杯，似乎对不起人家那代表全县110万人民的十杯酒的深情。喝了这十杯酒，又哪里能承受得了？而谁又能马上说出与敬酒人相似又相对应的以数字开头的这样规范的祝酒词呢？

面对如此敬酒，最好的办法就是以礼还礼，你以礼敬酒，我礼貌地不喝酒。你用这么多的数字来限制我，让我喝那么多杯酒，我就巧妙地回避这个数字问题来回敬你，不然，就会陷进对方设计的圈套之中。

这时，只见一位客人举杯答道："我们一行十分感谢各位领导的盛情，特别是刚才招商局局长一到十杯的敬酒，更是既让我们感受到了全县110万人民的盛情，也让我们领略了局长的风采。我喝不了十杯酒，但我有十杯酒所容不下的激情；我说不出一到十所表达的深意，但我能用一杯酒表达我们对东道主海一样深情的谢意。我不喝十杯酒而只喝一杯酒，是为了使酒的数量之差，让东道主能给我们留下更深刻的印象。只有这样才能让我们感受到你所代表的110万人民坚强如山，却不会挡住我们眺望的视线；他们宽广如海，却不会像海一样变幻使人不安；他们热情如火，却不会像火一样将热量四处传播；他们像水一样温柔，却不会像水那样任意把形象改变。为此，我请大家共同举杯，祝福全县人民像山，像海，像火，像水，让山的庄严、海的激情、火的热烈、水的柔情永远和你们相伴，让你们拥有山一样的康健，海一样的财富，火一样的生活，水一样的风采。干杯！"

礼貌的拼酒得到了礼貌的回答，这种令人觉得得体、富有诗意的语言赢得了宾主双方的由衷赞赏，都觉得主人敬酒是事先准备好的一套祝酒词，而客人的即兴答词更加精彩。在一片掌声中，大家纷纷举杯，都同意客人只喝一杯。一个精心筹划的以礼敬酒的场面就这样化解了。

## 动之以情拒酒，智在打动人心

酒桌上，东道主端起酒杯，尽管他才刚和你认识几分钟，也会让你感受到仿佛已经等你100年的情感：“看着你就投缘，想着你就留恋，你喝酒，人生目标就能实现。”一杯酒承担着这样重的责任，你怎能推却得了？

感情劝酒可以发生在礼仪敬酒之后的中场，也可以在宴会的任何阶段，在酒宴的高潮中，“杯杯酒，表深情”，让你想推也推不掉。这种敬酒要想不伤感情、不失礼仪、不影响气氛地推掉是十分不容易的。面对众多劝酒理由，要想却之有方，只能采取“以情却酒法”。

如果说以身体为由推辞敬酒是晓之以理，那么还有一种动之以情的方法可以回应敬酒。如果东道主敬酒时已经满含深情，那么回答敬酒词时应该尊重对方，给足面子，同样以真情还之，即所谓以情抵情。

比如，在一次与某市联合开发项目的招待酒会上，市里几大领导班子成员和相关部门领导频频举杯，让客人欲逃无门。此时，来宾中的一位客人起身向大家敬酒：“尊敬的各位领导、各位朋友，我和你们一样，以这杯酒向大家表达一下我们的敬意和感激之情。但是刚才酒饮得过急了，为了给大家一个稍微休息的机会，我给大家背一段现代人改写的饮酒小令《江城子》以博一笑，同时作为祝酒词。

“盛宴举杯都祝酒，酒含情，杯难收；还欲举杯，深情江水流。倾觞前辈今日事，真情在，何须酒！真情不会为酒留，情悠悠，水为酒；心盛深情，肠胃难容酒。美酒真情不等量，载真情，几多酒！

“请大家共同举杯，为我们合作的真情长在；为我们不论喝多少酒，但酒所能承载的深情厚谊永驻我们心头；为我们合作成功，干杯！”

宾主听着这饱含哲理的词句和热情得体的祝酒词，都觉得很有激情，更有道理，当然共同举杯，以情拼酒的气氛也烟消云散了。

可见，最好的劝酒词是融入了深情、以情动人的。但是，如果在酒宴上别人对你说：“为朋友不能两肋插刀，还不能两肋插酒瓶子吗？”这样包容着千般深厚感情的酒让人无法推却。可是要是喝了下去，又会让自己受罪，甚至免不了受损失，真是处境两难。

这种以酒挟情的劝酒威力巨大，一般情况下令人无法抗拒，如果拒绝可能就是你“不领情”或者“不给面子”。总之，直接拒绝这样的劝酒显得特别伤感情。但实际上，在商务宴会上，这种以浓情作为幌子的劝酒带有很大的欺骗性，但是又不好直接拒绝，所以，采取“以情抵情”法最恰当。

例如，在一个招待客商的酒会上，东道主代表饱含深情，频频举杯，让人难以推却。这时，来宾中上海某公司的一位经理举杯回敬道：“各位朋友，你们端起的不是酒杯，酒杯怎么能包容所有的深情？你们多次举杯也不足以表达你们的心意。我真的想饮尽千杯酒，融进万般情。既然千杯酒才能表达我们的万般情，那么，一杯酒与一杯酒之间，如果用感情的度来衡量，只能越少越能让人记住这份感情。如果我喝醉了，那么可能连刚刚结识的朋友的姓名都记不住了，那怎么能算是记下了这深深的情谊？为此，我用一杯酒回敬大家，因为我知道对真朋友敬酒是只喝微醉，与对手喝酒才拼量斗狠。你们之所以向我们频频敬酒，是怕我们喝不到微醉那个境界。我端的杯子里，是咱们当地产的五大连池矿泉水，它同样有酒一般——那只可意会不可言传的境地。请大家共同举杯，让我们拥有水一样的柔情连绵不断，干杯！”

## 避实就虚拒酒，智在攻其不备

人们在交际场合最难推却的是主人的盛情劝酒。宴会上，面对着主人频频举起的各种名目的酒，客人有时酒量有限不能多喝，可盛情的主人就是让你非喝不可。此时的场面最需要你保持清醒的头脑。这时最有效的办法是“避实击虚”，就是抓住对方饮酒最薄弱的人，拉着他一起喝，必能收到好的效果。

在一次外地客商与某县政府的投资洽谈宴会上，几位主要领导敬酒后，又有办公室主任的“招待不周酒”，少数民族领导人的“上马三杯酒”“下马三杯酒”“希望合作成功酒”等，直喝得来宾个个酒酣耳热，胃如潮涌，想离席又被主人的盛情所缚，想坚持又不胜酒力。这时，只见县经贸局的领导又双手捧着金杯，向客人说道：“尊敬的各位来宾，各位朋友，你们的到来，为我们少数民族自治县的发展带来了新的希望。愿我的这杯酒能给你们留下深刻的印象。我们县虽然基础薄弱，但民风淳朴，资源雄厚，盛名远扬。我们双方携手，各尽所长，必将使我们共同的友谊和事业更加辉煌！为此，我请各位嘉宾共同举杯，为我们合资合作成功顺畅，为我们的友谊源远流长，干杯！”

在众来宾不举杯怕不合礼节、举杯又难于下咽的时刻，只见一位来宾举杯站起来说道：“民族的风情，主人的盛情，感人的激情，饮酒的豪情，我们都已经领略过了，再喝实在是勉为其难了。我们都不胜酒力，能不能变通一下，由我代大家喝酒，其他人喝水？”经贸局长说道：“不能这样，因为感情是不应当相互代替的。请各位都自己喝下去才能表达我对各位来宾的敬意。”来宾说道：“既然你代表的是各位县领导和全县人民，那么在座的各位领导是不是都得喝？”来宾早就看到县里的常务副县长每次都只喝一小口就已经满脸通红，因此言有所指地问道。

经贸局长立即解释道："他的血压高，就别让他喝了，由我们代饮。"来宾说道："您敬酒我们不敢互相代替，怕的是不能让全体人员都领略到您的盛情，可副县长不喝，您又怎么能代表得了他的个人感情呢？"来宾见经贸局长无言以对，接着说道："你们敬酒恨不得我们喝的酒要倾尽江水，喝酒像喝水是只有你们各位才具备的海量和豪情，我们又怎能相比？实际上，喝一滴酒就和倾尽江水一样多的酒情意是一样的。为此我提议，咱们大家能喝多少喝多少，能喝什么酒喝什么酒，只有酒喝微醉，才能把各位的深情记在心头。"众人一听，这既有道理，又给足了他们面子，都一致同意。

避实就虚有时还可以直接向对方的薄弱环节主动出击，也会收到同样效果。还有就是请人代饮，既不失风度，又不使劝酒者扫兴。长辈可以请年轻人代喝，女性可以请男同胞代喝，酒量小的可以请关系较为亲密而酒量大者代喝。一般来说，只要代喝者愿意为你效劳，则劝酒者是不好再说什么的。

例如你可以请自己的朋友为自己代喝，从而拒绝对方的劝酒："我很感谢您的盛意，但我真是天生沾不得酒，所以您这一番盛意只能心领了。要是您执意要我喝，那我就只能让我的朋友许虎(介绍朋友)代饮了。我和许虎从小一块儿长大，情同手足，因此他喝了，就等于我喝了，不知您是否同意我的提议？"

## 移花接木拒酒，智在反客为主

在酒宴上，主人借着上菜或者其他情况相机劝酒，使人无法应对时，最好的办法就是用"移花接木"的办法反客为主。

如在一次商务谈判期间举行的酒会上，主人一方为了制造融洽的气氛，不断借机向来宾祝酒。每一道菜都有精心准备的祝词，每一道菜上来后来宾都在无奈的情况下一连喝了十几杯酒。这时，又上来了高汤小饺，只见清淡的汤水洋溢着香气，里面是包得十分精美的小饺子。此时，只见主人一方的一位副总又站起来说道："这道'十全十美富贵汤饺'象征着我们对各位来宾的祝福和我们之间合作的美好前景。清澈的香汤是洋溢着的盛情，绿色的菠菜是合作充满生命力的象征，红色的菜丝是联结友谊的红樱，黑色的紫菜是幸运之星，细长的鸡丝是吉祥的彩藤，清亮的粉丝是友情的结晶。精美的小饺，把一切美好的祝福统统包容。让我们共同举杯，为高汤小饺的完美祝福，干杯！"

这时的来宾们已是无论如何也无法喝下去了，心悸之余，一位来宾站了起来，慢慢说道："小饺美味加高汤，红绿青紫寓意长。福禄寿喜全包容，十万祝福不倾觞。各位，据我的浅见，食高汤小饺不能喝酒，不然，不仅会被酒冲淡了饺子的美味，也不符合首创高汤小饺者祝福的原意。因此，我提议，我们应该都喝一羹汤，品一枚小饺，如此方能把祝福的全意领会。"

主人一方知道他是想推却这杯酒，但也想听个究竟，问道："那是为什么？"只见他拿起调羹，品了一小勺汤，吃了一个小饺后说："这高汤小饺是在清朝光绪年间就已经出现的。后来，慈禧太后因八国联军进北京急忙逃出京城，一路艰辛自然不必细说。一天她逃到了一个小城镇，只找到了一个在当地最好的饺子店。大太监李莲英忙告诉店掌柜，让他一定得弄个新鲜样的饭菜，让老佛爷开开心。那小店只经营饺子和一些酱卤小菜，老板一时手忙脚乱，头上冒汗。紧急关头，还是老板娘稳住了阵脚，只见她从容说道：'小二，马上准备高汤小饺，馅要全，要把店里的所有菜肉都加一点儿。汤里的配菜要有红、绿、青、黄、黑五色。'老板一听，连声说'不行，你疯了，咱家祖传的秘方里哪有这种大杂烩馅'。老板娘不理他：'孩儿们快准备，好了之后我去上菜。'无奈之下，只有先按老板娘的办法去做。一阵忙乱之后，精心制作的高汤小饺就像咱们桌上的这样精美异常。老板娘亲自端了上去。李莲英一看，忙了半天只上来一碗汤，里面只有几个小饺子，他怕慈禧不高兴，就先问道：'大胆刁民，竟敢拿这碗汤来搪塞老佛爷？'只见老板娘从容说了几句话，慈禧不但不责怪她，反而奖赏了她。你们猜，老板娘怎么说的？"

来宾和主人被他的故事所吸引，都盼着他说下去。他一见这"移花接木"的办法成功了，就在众人的再三催促下继续讲道："老板娘跪下说：'老佛爷恕罪。这道菜饭叫作高汤小饺。这鲜美的配菜，选的是五种颜色，乃是五行俱全，必能吉祥。这鸡丝没用鸡胸脯肉，而是用的鸡腿肉。意为吉(鸡)多凶(胸)少，这绿色是兴盛之色，象征着老佛爷长寿不老。饺子里包的是各种菜肴，意为老佛爷福、禄、寿、喜、吉祥如意都能保全。'因为她的小店里没有好酒，不敢给慈禧上酒，只好巧解道：'喝酒古人说是倾觞，吃了高汤小饺就不能倾觞，恳请老佛爷吃这道汤菜时不要喝酒。'"这时众人才听明白，他的用意在于让大家也在吃高汤小饺时"不倾觞"，不饮酒。无论是主人还是来宾，都为他"移花接木"的做法所倾倒。

## 针对后果拒酒，智在借前车之鉴

饮酒当然应是喝好而不喝倒，让客人乘兴而来、尽兴而归。那种不顾实际的劝酒风，说到底，也不过是以把人喝倒为目的，充其量只能说是低级趣味的劝酒术，乃劝酒之大忌。作为被动者，当酒已喝到一半量时，应向东道主或劝酒者说明情况。如："感谢你对我的一片盛情，我原本只有三两酒量，今天因喝得格外称心，多贪了几杯，再喝就'不对劲儿'了，还望你能体谅。"如此推托以后，就再也不要喝了。这种实实在在地说明后果和隐患的拒酒术，只要劝酒者明白“乐极生悲”的道理，善解人意，就会见好就收。

一次酒宴上，一个重型机械集团公司欲到大连合作建立科研所。在合作洽谈时，对方为了赢得这笔生意，使出浑身解数逐个敬酒。在来宾已不胜酒力时，一位身材窈窕、举止得体的女士起身举杯向客人敬酒：“尊敬的各位来宾，各位朋友，我虽然不能像北方人那样豪饮，可我也想代表公司员工用酒来表达我们的真诚和热情。请各位来宾共同举杯，让我们为双方‘友情交流千杯少，协作定能奏凯歌’，干杯！”只见她喝下一杯酒后，又连斟两杯酒，说道，“为了表达我的真诚和深情，我喝三杯，你们只喝一杯。”说罢，三杯酒一饮而尽。

已经喝得快要呕吐的重型机械集团公司副总经理知道自己再喝是万万不行了。可是，如果不喝怎能说得过去呢？迟疑片刻，只见副总经理举杯说道：“到了大连，见识了你们的热情，我喝了这么多杯酒没醉，再喝别说谈合作，我马上得先研究我的悼词了。那时，人们对我的悼词可能像我在报纸上看到的一篇酒鬼悼词那样了。”来宾们会意，这是在转移话题，都纷纷问道，酒鬼的悼词怎么说。主人一方也都为他的幽默所吸引，请他说一说。

“这是我在一篇报纸上看到的酒鬼悼词，因为觉得有趣，就背了下来，现在改编读给大家，权当是一道下酒的小菜。‘酒精考验的酒坛名将、杰出的饮酒大家、千杯不倒的酒鬼同志，在19日与大连的合作酒宴上，因主人十分热情，竟然不胜酒力，以身殉酒。酒鬼先生的一生，是饮酒的一生，是在酒宴上承受不了别人劝酒的一生，是在交际过程中同各种酒拼搏战斗的一生。无论是鸡毛小店的村醪白酒还是乡村小烧，无论是名酒洋酒、啤酒色酒，他始终嗜酒如一，从不挑剔。无论是友情劝酒还是感情敬酒，无论是轮番进攻还是单挑，他从不退缩。酒鬼同志具有饮酒的高度自觉性，只要有人劝酒敬酒，他从不拒绝，总是竭尽全力开怀畅饮。有时宁可喝醉，也决不让人们失望。就是在他胃病缠身的困难时期，仍然让酒精穿肠过、感情心中留。更为让人感动的是，他在弥留之际，手中还握着北大仓酒瓶，这充分展示了他对饮酒事业的追求。在他生命的最后关头，他深情地嘱托各位酒友，为了使他的精神和别人给他的祝福与酒永远长在，请把他的骨灰撒到陶瓷厂，也许有幸能被做成酒缸、酒壶、酒瓶或者酒杯，天天让酒和祝福与他同在。酒鬼的一生，在陪酒、饮酒上有过酒后勇于撞火车的壮举，有过为了感情喝尽店里所有酒而回家摔掉两颗门牙的牺牲精神，有过酒后为了拯救不相识的酒吧女郎而与人大打出手的惊险历程，有过狂饮后烂醉如泥时的豪言壮语和微醉时的连珠妙语。酒鬼先生永醉不醒！’各位，为了你们不给我作这样的悼词，我在对这位敬酒的女士表示由衷的钦佩之余，请允许我尽我所能喝一杯水。”

人们在钦佩他的记忆力和应变能力的同时，也感到这样以量祝酒，确实有些强人所难。大家在认同这篇酒鬼悼词中的饮酒哲理的同时，也为他得体的却酒办法敬佩不已。

## 反守为攻拒酒，智在后发制人

反守为攻，意即先不动声色，静听其言，等待时机；一旦时机成熟，即抓住对方言辞中的突破口，以此切入，反守为攻，使对方无法争辩，从而拒酒。

刘某新婚大喜之日，当酒宴进入高潮时，某“酒仙”似醉非醉、侃侃而谈，请两位上座的来宾一起一人“吹”一瓶。面对“酒仙”言辞上的咄咄逼人，两位来宾中的一人站起来说：“我想请教你一个问题，‘三人行，必有我师’，这是不是孔子的话？”“酒仙”随即答：“是的。”来宾见其已入圈套，便说：“既然圣人说‘三人行，必有我师’，你又提议要我们两人一起喝，你现在就是我们两位最好的老师，请你先示范一瓶，怎么样？”这突如其来的一击，直逼得“酒仙”束手无策，无言以对，只得解除酒令。

此番拒酒，妙就妙在某来宾不动声色，静听其言，然后抓住“酒仙”言辞中的切入点提出问题，悄悄布下个圈套，诱使其说出(或同意)与自己相似的观点，请君入瓮，随即收拢圈套，以“诺”攻“诺”，反戈一击，达到制胜拒酒的目的。

在交际宴会上，人们经常遇到这样的情况，主人频频敬酒，轮番上阵，你举杯后他登场，每个祝酒者都满怀激情、理由充分，让你欲饮不能，欲罢不休。在这种情况下，怎样才能全身而退、保持不醉呢？办法之一就是反守为攻，让对方无法进行下去。

如在一次商务交往酒宴上，主人频频举杯，巧立名目，敬了六次酒。在敬第六杯酒时怕来宾不喝，强调：“六是吉祥，六是顺意，六标志着不论经历六六三十六番风雨，都会有七十二般彩霞壮丽，六蕴含着无数的变化与商机。六是我们双方激情的凝聚，任何数字都不及六杯的祝福最能表达我们的心意……为我们合作顺心如意，财源如春雨，干杯！”

见来宾们喝下第六杯酒后，他又第七次举杯：“各位来宾，感情浓了酒似水。这七杯酒表心扉。……为了我们的合作永远有七色彩虹相伴相随，为财源滚滚像流水，干杯！”此时的来宾已是不胜酒力，再喝就得烂醉如泥。眼见得七杯喝下去，必然还会有第八杯，可面对主人如此“热情”，不喝又几乎无法推托。这时，一位来宾缓缓站了起来，端起酒杯，从容地说道：“各位，一杯的酒香凝结在喉，两杯的祝福记在心头，三杯的盛情共同拥有，四杯的浓情风雨同舟，五杯的热烈如风摆柳，六杯的祝愿天高地厚。既然你们的祝福说‘六是吉祥，六是顺意，六标志着不论经历六六三十六番风雨，都会有七十二般彩霞壮丽’，那么，我们就把最好的、最美的、最顺畅的这第六杯酒，把这最具盛情的祝福永远拥有。为了能让我们把最好的祝福都留住，我提议，让我们共同举杯，不论杯中是什么水酒，只要你觉得它能让你把第六杯乃至以后所有的祝福都伴着主人的盛情在血液中奔流，干杯！”

听罢这番祝酒，来宾纷纷响应，主人们有的虽然还想再拼酒，但觉得第六杯酒祝酒时已经把话说满，不好再自我否定，对来宾钦佩之余，也共同举杯。此时已没有人再提出必须喝什么酒了。“反守为攻”让对方自己钻入了自己设计的话语圈套中。

## 宴席“不倒翁”的拒酒十二法

宴席中，那些酒量不大者面对一再劝酒往往十分尴尬，杯中之物喝多无益，且劳神伤身。所以，修炼拒酒的基本功，在日常交际中十分必要。

**1.巧言法**

在应酬中要尽量多耍嘴皮子。一张嘴嬉笑怒骂，能轻易地把敬来的酒挡回去，还不得罪人。不过，嘴拙的人还是不要使用这招。

**2.转嫁法**

即眼看酒挡不住时就转移话题，或者把注意力转移到在座的另一个人身上，成功的话就能侥幸逃一杯，不成功就只能喝了。

**3.开车法**

“我开着车来的。”国家律令已有规定，凡酒后驾车者，轻则罚款扣分，重则约束至酒醒，再重则拘留。所以，以开车为由拒酒，合情、合理、合法，但得逞率较低。

**4.装病法**

“我身体不适，不能喝酒。”为达到目的，装病法贵在求真，一定要做痛苦状，皱眉、捂胸、摩腹、掐腰、扶头，凡此种种，以苦肉之计求得酒友谅解，可以达到缓兵后战的效果。

### 5.服药法

饮前称用药在前，且所服、所用药物均与酒精及含酒精之饮料配伍有禁忌，若此药与酒相会于体内，轻则有过敏反应，重则害人害己，故不饮。

### 6.考试法

“我下午要考试。”至于是何种考试，取决于拒酒之决心。一曰考驾照，此类考试严禁喝酒，故说出下午要“路考”，酒必能拒开；二曰正规学历考试，此类考试不禁止喝酒，但酒后发挥不佳，故可避免饮过量；三曰单位开卷考试，此类考试不禁止喝酒，稍多亦无妨，但烂醉如泥似不合适，故借此法可避大醉。

### 7.留茶法

饭局上的酒量是为敬酒准备的，而有的时候在吃菜过程中会不知不觉喝掉自己杯里的酒。为了不这样“自己跟自己喝酒”，让服务生留着茶盅不撤掉。否则喝酒的力气没有花在刀刃上，就亏大了。

### 8.托会法

此法专用于中午酒场，系单位领导或重要工作人员屡试不爽之法宝。领导逢会必讲话，讲话不能讲醉话，故中午不饮酒属于正常；重要工作人员下午上班，近领导身易被领导嗅出酒气，故中午不饮酒也易被原谅。

### 9.稀释法

边喝酒边喝水，要保证喝的水是酒的10倍左右，这样才能达到稀释的作用。此外，不要忘记多上厕所。多喝汤，也能达到稀释的作用。已经喝酒过量，不妨多喝热汤或者大量饮用开水，以冲淡酒精的浓度。但是，不要将汽水或者苏打水掺入酒中以冲淡酒精浓度，这样做会适得其反。

### 10.食物调节法

避免空腹饮酒。一定要在喝酒前多吃含油脂的食物，比如肥肉、蹄髈、牛奶、菠萝、番石榴等。乳酪、蛋、肉类等蛋白质食物，有助于酒精的挥发。所以，喝酒绝对不能不进食，无论喝什么酒都必须吃饭吃菜，而且吃得越多越好。

**11.偷换法**

饮前不说不喝，席间趁他人忙乱，用雪碧、矿泉水、白开水、自来水之类偷梁换柱，大杯服下，豪爽义气。但此法用之危险，倘被揭露，则必以真酒加量罚之，偷鸡不着蚀把米，故应慎用之。

**12.解酒法**

不能依赖解酒药物，也不要相信咖啡、茶能解酒，它们的功效最多只能醒酒。最佳的解酒之法是饮用高汤，尤其以鱼汤最能发挥解酒的功效。另外，多吃一些水果、喝点蜂蜜也能解酒。

(1)蜂蜜水解酒后头痛。喝点儿蜂蜜水能有效减轻酒后头痛症状。这是因为蜂蜜中含有一种特殊的果糖，可以促进酒精的分解吸收，减轻头痛症状，尤其是红酒引起的头痛。另外，蜂蜜还有催眠作用，能使人很快入睡，并且第二天起床后也不会头痛。

(2)西红柿汁解酒后头晕。西红柿汁富含特殊果糖，能帮助促进酒精分解吸收，一次饮用300毫升以上，能使酒后头晕感逐渐消失。实验证实，喝西红柿汁比生吃西红柿的解酒效果更好。饮用前若加入少量食盐，还有助于稳定情绪。

(3)新鲜葡萄解酒后反胃、恶心。新鲜葡萄中含有丰富的酒石酸，能与酒中乙醇相互作用形成酯类物质，降低体内乙醇浓度，从而达到解酒目的。同时，其酸酸的口味也能有效缓解酒后反胃、恶心症状。如果在饮酒前吃葡萄，还能有效预防醉酒。

(4)香蕉解酒后心悸、胸闷。饮酒后感到心悸、胸闷时，立即吃下3根香蕉，能增加血糖浓度，使酒精在血液中的浓度降低，达到解酒目的，同时能减轻心悸症状，消除胸闷现象。

(5)酒后忌饮茶。现代医学研究指出，茶水会刺激胃酸分泌，使酒精更容易损伤胃黏膜；同时，茶水中的茶碱和酒精一样会导致心跳加速，加重心脏负担。

## 第十章

# 席间交谈：做个最会说话的人

当你参加宴会时，尽管食物和酒非常重要，但实际上它们都是一种陪衬，宴会的核心是谈话。因为，谈话能使各方面因素融为一体，结出友谊的硕果。所以，良好的餐饮礼仪，意味着既掌握吃喝技巧，又精于交谈，从而使宴会达到预期的效果。宴会的语言艺术能为你打开玄妙的交际之门，帮你领悟语言智慧的无穷魅力，助你踏上成功之路。在商务宴会上，洒脱自如、灵活应变的语言交际不仅能提升自己和公司的形象，而且能拓展商务关系，带来无限商机。要想在短暂的宴会中有礼有节、游刃有余地展示自我、推销自我，就必须熟练运用语言艺术。

## 与初次相识者愉快寒暄

即使是在气氛融洽的家宴上，初次相识者之间也会心存戒备。因为人际交往一般要经历从不了解到了解、从浅交到深交的过程。要冲破这种交谈的戒备障碍，就有必要讲究谈话的艺术和技巧。

寒暄是冲破戒备障碍的有效方法。如果你在寒暄中能有意、无意地插入一些吸引对方的话题，或是谈一些对方比较了解的事，由此展开交谈，那么，寒暄就不仅仅是形式上的客套了。如果运用得巧妙得法，双方会因此打成一片，彼此的距离很快就会拉近。寒暄并没有固定的模式，一般来说须注意以下几点。

**1.要保持愉快的情绪**

在与别人相遇的瞬间，要迅速培养自己的愉快情绪；要争取主动，充分体现自己的良好愿望和真诚；要使对方感觉到你的问候是发自内心的；要使对方从你的言行反应中感受到自己的存在，使其受人尊重的心理需要得到满足。同时，积极的姿态也是富有自信、易于合作的外在体现，这有利于融洽人际关系。另外，交谈时语调要和缓，声音要洪亮，脸上要带着微笑。

“您好，外面很冷吧！”这样寒暄会让初次见面的人感到热情、亲切、温暖。与众多陌生人打交道时，不要只看着其中的某一位，而应面带微笑，眼睛环视大家，说话时带“你们”“两(几)位”等字样，以免冷落了其他人。

另外，千万不要袒露悲伤的情绪，因为这会跟宴会的气氛不协调，即使内心有什么不快，也要表现出笑容可掬的亲切态度，使人乐意和你交谈。

**2.要集中注意力**

一般人说话的速度每分钟是120~180个字，而思维的速度要比这快4~5倍。因此，听别人说话时若注意力分散，就容易漏掉讲话人所说的重要内容。

任何漫不经心的表现都会使对方有被人轻视之感。比如东张西望、左顾右盼，面带倦容哈欠连天，做一些弄衣角、搔脑勺、玩指甲等不雅观的小动作，都显得猥琐且不礼貌，让说话人心生不快。你可用目光与说话人交流，也可适当点头，做一些手势，或通过一些简短的插话和提问如“结果呢”等来暗示对方你确实在注意倾听，并对他的话很感兴趣。倘若老是坐着闭口不语，一脸肃穆的表情，跟欢愉的宴会气氛便格格不入了。

**3.讲话内容要恰当**

与陌生人见面后的几分钟内，一般只有两三个问答的回合，最好做一般性的寒暄，如问候，互通姓名，谈论一些无关紧要的话题等。应避免使对方感到尴尬、触及对方隐痛、引发对方不愉快回忆及易于引起争议的话题，但是也不可漫无边际。

寒暄的内容要根据对方的心情而定，先分析对方当时的心情后再决定打招呼的内容和表情。比如对方家里刚发生了不愉快的事，你从其面部表情上就可以判断出来，此种情况下打招呼声音不要太大，语言也不要太热情，要低调；或用询问式的语言，同时用安慰的语气来打招呼。如果对方脸上喜气洋洋，你便可热情地打招呼，使对方感觉到温暖，进而展开话题。

男士向女士打招呼，语言可热情一些，但要适度，不能过分开玩笑，让对方觉得你太轻薄。

寒暄内容可触景生情。与初次相识者交谈，如果总离不开扯籍贯、住址、身世等，会让人认为你在查户口，而且容易出现冷场的现象。因此要善于睹物生情，看到什么谈什么，这样既显灵活又可增进友谊。

寒暄言语的长短，内容的繁简，往复的次数多少，要与交谈双方关系的亲密程度成正比。

总之，初次见面时寒暄要适度，既要热情亲切，又不要阿谀奉承，做到温和有礼。这样，才能使对方乐于接近你，从而产生与你交往的愿望。

## 做一个会交谈的人

和别人交谈时，要精神饱满；表情自然大方、和颜悦色；站立寒暄也好，坐着聊天也罢，要目光温和，正视对方，以示尊重。两人之间的距离可视双方关系的亲疏而定。

**1.选择恰当的话题**

话题是交谈的中心。话题的选择反映着交谈者品位的高低。选择一个好的话题，使交谈双方有了共同语言，往往预示着交谈已成功了一大半。

首先，可选择大家喜闻乐见的话题，如天气状况、风土人情、体育比赛、电影电视、旅游度假、烹饪小吃等。

其次，要选择安全的话题。不要不识深浅，误入禁区。譬如，个人隐私、瘾癖、残疾人的生理缺陷等，这一类内容应当有意避讳。不然的话，其后果轻则损害交际关系，无法交谈；重则伤害感情，甚至导致对立或关系破裂。

再次，避开可能引起对方伤感或误解的敏感话题。话题除了有若干“禁区”，还存在“敏感地带”，会话中也应当小心避开。譬如，同失恋者忌谈爱情与婚姻问题；同不幸者忌谈其遭受不幸的往事，甚至谈旁人的不幸也会引起不幸者同病相怜的痛楚；同残疾人的亲属交谈，最好不要提起他家庭中的残疾者，等等。

最后，尽量选择双方都有兴趣的话题。一个好的话题至少要能引起对方的兴趣，更好的话题要能使双方都受益。一般说来，具有相似性的话题最易于为双方共同接受。如地域相似性话题，经历相似性话题，职业相似性话题等。初次相识的人，由谈谈“自己”而加深了解，双方又可以找到更多的共同语言，从而扩大选择话题的范围，使交谈更加深入。

**2.做一个善解人意的听众**

交流的特征就是有说有听。除了会说，还要会听，做一个善解人意的听众要注意以下几点。

⑴全神贯注，认真聆听。这表明你是一个尊重别人的人，在聆听时要适时做出积极的反应，以表明你聆听的诚意。如点头、微笑或简单重复对方的谈话要点等。同时，恰如其分的赞美不可缺少，它能使交谈气氛变得更加轻松、友好。

⑵适当地提问。适当提问可以表明你正在用心地听，要不然不会提出问题。这可以满足对方的虚荣心，使其更有兴致谈下去。若做“永远”的听众而不发一言，不仅与欢愉的宴会气氛格格不入，也会使说话者失去交谈的兴致。很多事实证明，会提问题的人会被对方认为是会说话的人，而并不在意他实质上什么也没说。

⑶不要轻易打断对方的讲话。随意打断或插话是听者忌做之事。因为这对说话者来说有不敬、失礼之嫌，应该尽量避免。如果你想补充对方的谈话内容或联想到与谈话有关的情况，需立即做点说明，这时可对谈话者说“请允许我补充一点”或“我插一句”，但这样的插话不宜过多，讲话不宜过长，以免扰乱对方的思路。但适当插一点，可以活跃谈话气氛。

如果你与对方持完全相反的观点，一般情况下，你也须待对方说完后再谈自己的不同看法。但如果说话的人滔滔不绝而你又毫无兴趣，觉得花时间和精力去应酬他是十分不值得的，这时你应该用更好的方法，使他停止讲这类乏味的话。但千万要注意，不可伤害对方的自尊心。最好的方法是巧妙地引他谈第二个话题，尤其是一些他内行而你又感兴趣的话题。

⑷不要随便纠正对方的错误。无论对方说什么，你都不可随便纠正他的错误，如果因此而引起对方的反感，那你就不可能成为一个良好的听众了。批评或提出不同意见，也要讲究时机和态度，否则好事也会变成坏事。

## 掌握没话找话说的本领

一般来说，“没话找话说”是讨人嫌的，那种不论场合不分情势的东拉西扯，势必令人不快。但是，在特定环境中，“没话找话说”又确实能增进交往，融洽气氛。但找话说必须找得准确、恰当，才能达到融洽交谈气氛的目的。

**1.借用媒介**

寻找自己与陌生人之间的媒介物，以此找出共同语言，缩短双方距离。如见一位陌生人手里拿着某件东西，可问：“这是什么？……看来你在这方面一定是个行家。正巧我有个问题想向你请教。”对别人的一切显出浓厚兴趣，通过媒介物引发表露自我，交谈也会顺利进行。

**2.中心开花**

面对众多的陌生人，要选择众人关心的事件为话题，把话题对准大家的兴奋中心。这类话题是大家想谈、爱谈又会谈的，人人有话，自然能说个不停，以至引起许多人的议论和发言，导致“语花”飞溅。

**3.即兴引入**

巧妙地借用彼时、彼地、彼人的某些材料为题，借此引发交谈。有人善于借助对方的姓名、籍贯、年龄、服饰、居室等即兴引出话题，常能收到好的效果。“即兴引人”法的优点是灵活自然，就地取材，其关键是要思维敏捷，能做由此及彼的联想。

找话题时，可依当时、当地的环境选择出一两件可谈的事，引出话题。例如不妨赞美一下室内的陈设，谈谈墙上的书画作品或摆在突出位置的工艺品，等等。这样的话题易于得到别人的回应，当然，要注意的是在评论某件物品时，不应用挑剔的口吻，而应用赞美的语言。

一般来说，对方不感兴趣的话题尽量不谈，自己不感兴趣的话题应及时暗示。一是顺水推舟，转移话题；二是移花接木，对某个细节具体谈论，这样能激发对方的热情。

**4.投石问路**

向河水中投块石子，探明水的深浅再前进，就能有把握地过河。与陌生人交谈，先提一些“投石”式的问题，如：“老兄在哪儿发财？”“您孩子多大了？”在略有了解后再有目的地交谈。

采取这种方法，需要你做个有心人。你可以从主人的介绍中发现对方与自己的共同之处。两个互不相识的人在朋友的家宴上见面了，主人对这对陌生人做了介绍，他们发现了双方都是主人的同学这个共同点，马上就围绕“同学”这个突破口开始交谈，很快便认识和了解了。这当中重要的是在听对方介绍时要仔细分析、认识对方，发现共同点后再在交谈中延伸，不断地发现新的共同关心的话题。另外，你还可以在对方同别人谈话时留心分析，或在对方和自己交谈时揣摩他的话，从中发现共同点。

小张不慎踩到了旁边一位老者的脚，他忙道歉说：“对不起，对不起。”老先生笑着说：“你是哈尔滨人吧！”小张奇怪地点点头，老先生忙说：“我曾经在那里工作了三年，那是十年前的事了，现在哈尔滨变化挺大吧！”这样一来，小张同老先生谈得很投机。

老先生就是从小张的口音中找到了双方都熟悉“哈尔滨”这个地方的共

同点，从而展开了话题。

**5.循趣入题**

问明他人的兴趣，循趣发问，能顺利地进入话题。如对方喜爱足球，便可以此为话题，谈最近的精彩赛事、某球星在场上的表现以及中国队与外国队的差距等，都可以作为话题而引起对方的谈兴。这一方法类似“抽线头”“插路标”，重点在引，目的在于导出对方的话茬儿。

王小姐在一次家宴上发现一位客人在仔细欣赏主人家墙上挂的“制怒”二字，猜测对方有克服易怒缺点的要求，便问道：“你平时很爱发脾气吗？”对方答：“我很容易冲动，但明知自己有这个毛病，有时却控制不了，为了提醒自己，就写下来挂到墙上，时刻告诫自己。”王小姐由此话题谈开，先是表示非常理解，继而谈出自己的看法，对方也就同一问题谈出感想，两个人谈得非常投缘，这样就缩短了初次相识的距离感。有些人在初识者面前感到拘谨难堪，是没有发掘出共同感兴趣的话题所致。你不妨提出一些对方能答并且喜欢答的问题，或讲些兴奋的事，让对方感到心中有话，不吐不快，从而提起精神与你交谈。

## 幽默是最好的润滑剂

酒桌上可以显示出一个人的才华、常识、修养和交际风度，有时一句诙谐幽默的语言会给人留下很深的印象，使之无形中对你产生好感。所以，应该知道什么时候该说什么话，语言得当、诙谐幽默很关键。

由于宴请的客人并不可能都互相熟悉，甚至主人和客人也可能是初次相见，在交谈中可能会出现争论，触犯某些人的忌讳，这时，就需要主人具有灵活应变的才能。比如在一次宴会上，两位客人争论不休，这时主人提了一个十分意外的问题："诸位，刚才是一道什么菜？大概是鸡！""是的。"一位客人回答。"一定是公鸡！"主人一本正经地说，"原来是鸡在作祟，难怪大家要斗起来。"说完，他举起酒杯，"来点灭火剂吧，诸位！"一场餐桌上的征战顷刻间平息了。

幽默可以松弛紧张的情绪，也可以自我解嘲，找到适当的台阶下。对于善意的责难，要保持平静，不可动怒，可以采用幽默的办法轻松化解。

有一个人很"惧内"，宴中同事拿他取笑，问："你家里的事，到底谁说了算呀？"他回答："大事，我说了算；小事，夫人说了算。例如，决定什么是大事、什么是小事，这种小事就是夫人说了算。"众人笑了，他也笑了，一片轻松愉快。别人本想取笑他"惧内"，让他在众人面前"出出丑"，然而，他的幽默引来了笑声，自己也轻轻松松地解了围。

幽默还可以消除尴尬的场面。真正的幽默可引来会心一笑，带来欢笑与快乐。俄国诗人普希金个子不高，他年轻时，有一天在圣彼得堡参加一个公爵的家庭宴会。他邀请一位小姐跳舞，小姐傲慢地说："我不能和小孩子一起跳舞。"普希金灵机一动，微笑着说："对不起，亲爱的小姐，我不知道你正怀着孩子。"说完，他很有礼貌地鞠了一躬后离开了她。那位高傲的小姐在众目睽睽之下无言以对，满脸飞红。其实，每个人都可以变得幽默，它不是天才、高智商者、喜剧演员的专利品。只要你常看一些笑话故事、歇后语，学习让嘴角向上翘，换个新鲜角度欣赏事物，就能找到幽默和学会幽默。

幽默虽好，但也不能乱用，要掌握一定的技巧。

(1)不要随意幽默。幽默并不是随时随地都可以运用的，应在某些特定的场合和条件下发挥你的幽默感。例如，在一个正式宴会上，当别人发言时你突然冒出一两句逗人的话，也许大家都被你的幽默逗笑了，但发言的那个人肯定认为你不尊重他，对他的发言不感兴趣。

(2)幽默要高雅才好。在生活中，有不少人在开玩笑时往往把握不住分寸，结果弄得大家不欢而散，影响了彼此的感情。

(3)不幽默时无须硬幽默。如果当时的条件并不具备，你却要尽力表现出幽默，其结果必定是勉为其难，到底该不该笑一笑？这会令彼此都陷入尴尬的境地。

总之，幽默是一种优美的、健康的品质，恰到好处的幽默更是智慧的体现，当你掌握了幽默这门社会交往的艺术时，你会发现，它可以在商务交往中让你与人愉快沟通，并能发挥想象不到的作用。

## 如何与比自己身份高的人沟通

在商务宴会上，需要同各种身份的人交谈。要注意的是，对方的身份、地位不同，你说话的语气、方式也应有异。如果不明白这一点，则可能会被对方视为没有教养、不懂规矩，因而不喜欢听你讲话，不愿帮你的忙，或者有意为难你，这样就可能阻碍了自己交往的路子。

聪明人都懂得看对方的身份、地位来说话，这也是个人修养的体现。平常我们所说的“某某人会来事”，很大程度上就体现在其“见什么人说什么话”的才智上。这样的人不只受领导的器重，同事或下属也会喜欢。通常，与地位高于自己的人交谈时，不要忽略了以下几点。

### 1.保持个性

善于交谈的人在与地位高于自己的人谈话时，会保持自己的个性和独立思考，而不会去做一个“应声虫”。同时，与地位高者谈话时态度要表现出尊敬，对方讲话时全神贯注地听，不随意插话，除非对方希望自己讲话。回答问题简练适当，尽量不讲题外话；说话自然，不紧张。

**2.适度恭维**

台湾省的企业家们在一次聚会上谈到了“拍马屁”的问题，他们都表示非常厌恶拍马屁的下属。但是又承认，他们心目中优秀的下属有的就是“拍马屁”的能手，自己也喜欢听听来自下属的美言。

社会赞许，人皆求之，只是缓急程度不同而已。因此，对地位高于己者适度地恭维，有助于双方更好地相处。适度恭维的技巧有三。

一是恭维要圆润巧妙。

最妙的恭维是不露痕迹，不让人看出你是在别有用心地“拍马屁”，既抬高了别人又不贬低自己。

南朝齐代有个著名的书画家叫王僧虔，他的一手隶书写得如行云流水般飘逸。当朝皇上齐高帝萧道成也是一个翰墨高手，而且自命不凡，不乐意听别人说自己的书法低于臣子，王僧虔因此不敢显露才能。

一天，齐高帝萧道成提出要和王僧虔比试书法高低。于是，君臣二人都认真写完了一幅字。写毕，齐高帝萧道成傲然问王僧虔：“你说，谁为第一，谁为第二？”若一般臣子，当然立即回答说“陛下第一”或“臣不如也”。但王僧虔却不愿贬低自己，明明自己的书法高于皇帝，为什么要做违心的回答呢？但他又不敢得罪皇帝，怎么办？王僧虔眼珠一转，竟说出一句流传千古的绝妙答词：“臣书，臣中第一；陛下书，帝中第一。”

他巧妙地把臣子与皇帝的书法比赛分为两组，即“臣组”和“帝组”，分别加以评比，既给皇帝戴了一顶高帽子，说他的书法是“皇帝中的第一”，满足了皇帝的冠军欲，又维护了自己的荣誉和品格，使皇帝更敬重他的风骨，觉得他不是那种专门“拍马屁”的家伙。果真，齐高帝萧道成听了哈哈大笑，也不再追问两人到底谁为第一了。

二是恭维要投其所好。

有些地位高的人显得傲慢，与他们打交道不妨采取投其所好的方式，对其业绩、学识、才能等给以实事求是的赞美，使其荣誉心、自尊心得到满足。这样就可以从心理上缩短双方之间的距离，同样能起到左右其态度的作用。比如，有位生性高傲的处长，陌生人一般很难与之接近，他生硬冷漠的面孔常使人望而却步。有位外地来的办事员听说了他的脾气，一见面就微笑着扔了一支烟说："处长，我一进门就有人告诉我，处长是个爽快人，办事认真，富有同情心，特别是对外地人格外关照。我一听，高兴极了。我就爱和这样的领导共事，痛快！"处长的脸上立刻露出一丝笑容，接下去谈正事，果然大见成效。

三是恭维不可过火。

恭维要讲究艺术，如果说得太露骨，让人感到肉麻，最后没弄好还适得其反，也就是说连被恭维的人也接受不了，产生反感。如果是这样，还不如不恭维的好。

**3.维护尊严**

与身份地位高的人交谈，要懂得维护对方的威信和尊严。向地位高的人请教，能够使对方感到你对他的尊重和信赖。

## 巧妙应酬不同性格的人

在宴会中，你会遇到性格迥异的人，这就需要你针对不同的对象运用不同的说话技巧，用诚恳的态度和得体的语言表达达到交流感情、增进友谊的目的。

### 1.与爱说话的人交谈

一般来说，爱说话的人性格外向，喜欢直来直去，和这类性格的人交谈，你要有足够的忍耐功夫。不管他说得怎样，都要耐心地倾听，这会让他非常高兴。哪怕你一句话不说，他也会引你为知己，你要接话或插话，也要等他说完。

在他尚未打开话匣子之前一定要找对话题，以便大家都能参与讨论，而不至于让他一个人口若悬河地讲些大家都不感兴趣的话题。你可以适当地插话或提问，把对方的话题朝大家所希望的地方引导。

当对方滔滔不绝时，你也没有必要去打断他，不妨先就大家感兴趣的话题跟身边的一两个人谈起来，然后慢慢扩大范围，直到多数人都开始津津乐道于此话题为止。滔滔不绝者再善谈，没有听众也就没了意思，自然就会安静下来。也可以委婉而善意地提醒对方。例如，当对方滔滔不绝之时，你可以端起一杯茶水递过去："讲了这么久，一定口干舌燥了吧，先喝口茶润润喉咙。"在座者忍耐了好久，此时一定免不了会心一笑，对方也就不得不有所收敛了。

### 2.与沉默寡言的人交谈

沉默寡言者一般性格比较内向，与这类人交谈，不必因为双方没什么话题而感到不自在；如果太刻意地没话找话，有时反而会讲出一些不伦不类的话来。谈话时要注意对方的眼睛及表情，如果对方显出耐心倾听的神情，就可以说下去；否则就应止住话题。例如在大家谈论某一问题时，你可以突然向一言不发的他发问："这位先生，能请教一下您的高见吗？"对方可能一时会很尴尬，但是碍于面子，也不能不说几句。此时你再抓住他话中的闪光之处大加赞赏："您半天不说话，原来肚子里藏着这么精辟的见解，您能再详细讲一讲吗？"这样一来，对方的信心受到了鼓舞，也许会就此打开话匣子。

### 3.与不爱说也不爱听者交谈

这种人通常坐在不显眼的地方，当偶然听见别人哄然的笑声时，他也会跟着笑，但这笑显然是敷衍的。因为虽然脸上还挂着笑，但眼光已经移到窗外或是墙上的一张字画上去了。这是较难应付的一种人。如果宴会上刚巧他坐在你身边，那你就不能不想个办法了。最好是设法搞明白其中缘由，再对症下药。

你可以从几句问话中探明他的兴趣是什么，然后再和他谈论下去。他见你谈吐不俗，一定会以你为知己，如此一来，僵局就打开了。

对方也可能是因为言谈木讷而缺乏自信。碰到这种情况，要求你首先要有耐心和尊重的态度，千万不要显出急躁、不耐烦的情绪；其次，随时准备把话送到对方的嘴边，同时做出很受启发的样子。例如，一位言谈木讷者在谈论国有企业改革的艰难时卡了壳："这是个、这是个……"此时如果你明白他要表达的意思，最好帮他一把："对，积重难返呀！"他抓住了这个词，就会马上说下去："对！这是个积重难返的老问题！"这样，彼此间的交谈也就得以继续下去了。

最后，最好选择一些对方熟悉且表达难度不算大的话题与之交谈，以缓和他的心理压力。别问他一些你认为有趣但却令他很难回答的问题，这样你们之间的谈话就顺畅多了。

## 活跃气氛的十个高招

在宴请活动中，人们都希望出现令人愉悦的场面，因而能够制造欢乐气氛的人最受欢迎。毫无疑问，为了使聚会顺利、热烈地进行下去，真正达到增进关系和交流感情的目的，聚会的主人负有最大的责任。要想在聚会上营造活跃、热烈的气氛，主人一方面必须找到合适的话题，使大家在推杯换盏之余能够兴致盎然地畅谈，另一方面也要适当运用自己的语言技巧，使客人在良好的交谈氛围中如沐春风。以下方法可帮助你成为宴会上的活跃人物。

**1.夸张的赞美**

对他人发出一番赞美之词，是宴会中的成功秘诀。老朋友、新同事见面后，不免介绍寒暄一番，这是个极好的活跃气氛的机会。借此发表一番“外交辞令”，把每个人的才能、成就、天赋、地位、特长等做一番夸张式的炫耀与渲染，可使朋友感到自己深深地为你所了解、所倾慕。尤其是利用这种方式把朋友推荐给第三者，谁也不会去计较其真实性，但你却张扬了朋友们最喜欢被张扬的内容。这种把人抬得极高但又没有虚伪、奉承之感的介绍，会立即使宴请气氛变得活跃起来。

法国总统戴高乐1960年访问美国时，在尼克松为他举行的一次宴会上，尼克松夫人费了很大劲布置了一个美观的鲜花展台，精明的戴高乐将军一眼就看出这是主人为了欢迎他而精心设计制作的，不禁脱口称赞道：“女主人为举行一次正式的宴会要花很多时间来进行这么漂亮雅致的布置。”尼克松夫人听了十分高兴。事后，她说：“大多数来访的大人物要么不加注意，要么不屑为此向女主人道谢，而他总是想到和讲到别人。”可见，一句简单道谢的话会带来多么好的效果。

**2.引发共鸣**

成功的社交应是众人畅所欲言，各自都表现出最佳的才能，做出最精彩的表演，最忌一个人唱独角戏，大家当听众。为达到这一目的，就必须寻找能引起广泛共鸣的内容。有共同的感受，彼此间才可各抒己见，仁者见仁，智者见智，气氛才会热烈。所以，你若是宴会活动的主持人，一定要把活动的内容同参加者的好恶、他们最关心的话题和最擅长的拿手好戏等因素联系起来，以免出现冷场。

### 3.制造有魅力的恶作剧

善意地有分寸地取笑、调笑朋友并不是坏事，双方自由自在地嬉戏，超脱习惯、道德，远离规则的限制，享受不受束缚的“自由”和解除规则的“轻松”，是极为惬意的事。恶作剧具有出人意料的效果，它起于幽默，导致欢笑。人们在捧腹大笑之际，会深深地感谢那个聪明的快乐制造者。

### 4.寓庄于谐

寓庄于谐的交谈方式比较自由，在许多场合都可以使用。用风趣、诙谐的语言，同样可以表达较重要的内容。

### 5.提出荒谬的问题并巧妙应答

生活中，总是一本正经的人会给人古板、单调、乏味的感觉。出席宴会与人交谈中，不时穿插一些朋友们意想不到的貌似荒谬而实则极有意义的问题，是很好的一种活跃气氛的方法。也许会有人时常问你一些荒谬的问题，如果你直斥对方荒谬，或不屑一顾，不仅会破坏交谈气氛、人际关系，而且会被人认为缺乏幽默感。学会提出引人发笑的荒谬问题并能巧妙应答，有助于良好宴会气氛的形成。

### 6.带些“小道具”赴宴

朋友相聚，也许在初见面时因打不开局面而陷于窘境，也许会在中途出现冷场。这时，你随身携带的小道具便可发挥作用。一个精致的钥匙链可能引发一大堆话题；一把扇子，既可用作帽子，又可题诗作画，也可唤起大家特殊的兴趣。所以说，小道具的妙用不可小瞧。

### 7.制造一些无伤大雅的小漏洞

漏洞是悬念，是“包袱”，制造它，会使人格外关注你的所作所为。待你抖开“包袱”之后，人们见是一场虚惊，都会付之一笑。

**8.适当贬抑自己**

自我贬低、自我解嘲，这种战术是最高明的，往往是老练而自信的人才会运用。自我贬抑会收到欲扬先抑、欲擒先纵的效果。众人将在哄笑声中重新把你抬得很高。自我贬抑既可活跃气氛，又能博得他人好感。

**9.故意暴露一下“缺点”**

你可以偶尔故作滑稽，或搞出一副大大咧咧、衣冠不整的样子；或莽撞调皮、佯装醉汉，摆出一副满不在乎的神情。这些“缺点”平素在你身上不常见，人们突然观察到这种变化，会有一种特殊的新鲜感，你收得拢、放得开的举止会令人捧腹大笑，使大家对你刮目相看。

**10.不妨“伤害”一下对方**

经验证明，彼此毕恭毕敬未必就没有矛盾，而平日吵吵闹闹的夫妻可能会更亲热。朋友间也是如此，若心无芥蒂、毫无隔阂，开句玩笑，贬低一番对方，互相攻击几句，打几拳、给两脚，并不是坏事，反倒显得亲密无间。宴请活动中，心无戒备、偏见、不带恶意的攻击与伤害，会使朋友、同事更加无拘无束。诙谐、戏谑中的“君子风度”最能活跃气氛。

当然，若要宴请活动的气氛理想，除在形式上做文章外，最主要的还是内容的新颖、别致。内容本身充满活力，活动才会活泼、欢快。

## 应付宴会尴尬场面的技巧

每个人都希望在宴会应酬中从容不迫、洒脱大度，但是在现实生活中我们经常会遇到一些尴尬的场面，自己感到不自在，别人也不自在，结果气氛凝滞，不能给人留下好的印象。发现自己尴尬或对方尴尬时，要运用适当的方法、技巧将尴尬化解掉。这里提供几种方法做借鉴。

**1.临场发挥，化忌为喜**

在结婚、生日这样的喜庆宴会上，常常会发生一些意想不到的小问题，触到人们彼此心照不宣的忌讳，使欢乐的气氛突然被打断。这个时候，如果不想办法打圆场说些吉利的话，可能会让情形僵持恶化。所以，恰当地把令人不快的小插曲说得吉祥喜庆是非常重要的。

小朱正在举行婚礼，可是就在伙计把盛满喜糖和糕点的盘子放在餐桌上的时候，只听“咔嚓”一声脆响，盘子破裂了。宾客们听到刺耳的声音，目光全部扫了过来。端盘子的伙计吓了一跳，慌了神，脱口而出：“怎么是个破货？”这句话就像一声惊雷，被在场的人真真切切地听到耳朵里去了，气氛一下子紧张起来。小朱见此情景，灵机一动，高声说：“破旧立新，移风易俗，我们带了个好头啊！”听了他的话，全场一片欢腾。

小朱抓住这个“破”字做文章，赋予其去旧立新的意义，迅速扭转了伙计不合时宜的话语造成的难堪局面，冲散了人们心中的阴霾，使婚礼得以顺利进行。

**2.不着痕迹，巧搭台阶**

会处世的人往往都会不动声色地让对方摆脱窘境。既能使当事者体面地“下台阶”，又尽量不使在场的旁人有所觉察，这是最巧妙的“台阶”。

在一次大型招待会上，一位外宾在吃完最后一道茶点后，顺手把精美的景泰蓝食筷悄悄“插入”自己西装里面的口袋里。我方工作人员不露声色地迎上前去，双手擎着一只装有一双景泰蓝食筷的绸面小匣子说：“我发现先生在用餐时，对我国的景泰蓝食筷颇有爱不释手之意。为了表达我们的谢意，经餐厅主管批准，我代表酒家，将这双图案最为精美并且经过严格消毒处理的景泰蓝食筷送给您，您看好吗？”那位外宾当然明白这些话的弦外之音，在表示了谢意之后，说自己多喝了两杯白兰地，头脑有点发昏，误将食筷插入口袋里，并且聪明地借此“台阶”说：“既然这种食筷不消毒就不好使用，我就‘以旧换新’吧！”说着，取出口袋里的食筷恭敬地放回餐桌上，接过工作人员给他的小匣，不失风度地继续与别人交谈。工作人员没有让外宾“出洋相”，而是委婉地暗示了对方的错处。

**3.转换角度，巧妙化解**

换一种态度面对对方的尴尬举动，可化解其中的可笑意味，缓解对方的紧张心理。尴尬常常是自己造成的，尴尬是一种情绪反应，只要想办法使自己的心理和情绪稳定下来，对付尴尬就会从容得多。对付尴尬局面的办法就是不动声色，坦然处之。

(1)如实说明。当你有事隐瞒对方又被他发现了，这时如实说明，一般来说，误会很容易通过坦诚的沟通得以消除，你的苦衷也会得到他的体谅。

(2)转移目标。当别人向你提起你不愿意回答的问题时，不妨把话题岔开，对方一般会知趣；有时自己说漏了嘴，也可赶快另起话题，为双方提供避免尴尬的台阶。

(3)佯装不知。别人如果话中带刺，你假装不知，既可以避免自己的尴尬，又显示了你的宽宏大量，这时对方被你的人格魅力所感，也会有积极的反应。

(4)以守为攻。比如有些不想为人所知的事，意外地被人说了出来，这时干脆承认，别人一般也就讲不下去了。

## 政务宴会上如何化险为夷

政务宴会上，经常会遇到不易回答的问题以及不同政见引起的不快和意外情况导致的尴尬等。此时，需要巧妙应对，才能化险为夷，化干戈为玉帛。因此，除了注意交谈要符合身份外，还要掌握一定的应变技巧，做到既维护自己的形象和尊严，又不伤及对方的自尊，使双方的交谈愉快而友好。

在政务宴会上，对于别人并无恶意的提问，一般可坦诚回答。但对于一些故意刁难或涉及机密的问题，则需要巧妙应对。

**1.避实就虚，答非所问**

如果提问者想使你陷于一种被动境地，直接回答就会中圈套，你可以采用巧妙的回避法绕开对方的话题，用一个相近的问题去回答。这种避实就虚、答非所问的回答实际上是一种无效回答，问话者并不能从中获得想要的答案。

在一次中外记者招待会上，一个西方记者向时任外交部长陈毅同志提出了这样一个问题："最近，中国打下了美制U-2高空侦察机。请问，你们用的是什么武器？是不是导弹？"对这样一个涉及我国国防机密的问题，陈毅没以"无可奉告"搪塞过去，而是风趣地举起双手在空中做了一个向上捅的动作，并以俏皮的口吻说："记者先生，我们是用竹竿把它捅下来的呀！"与会记者为陈毅的机智、幽默所折服，报以长时间的热烈掌声。

**2.装聋作哑，免落圈套**

如果话题对你不利而你又无计可施，什么也不能表示，那就索性装聋作哑，避免落入对方设计的圈套，使自己更加被动。

1953年6月，年届79岁的丘吉尔参加百慕大英、美、法三国首脑会议。为了回避某些难题，他借口年事已高，装作没听见，不予回答。而在感兴趣的问题上，他便与美法两方讨价还价，一点也不聋了。他这种时而聋哑、时而正常的做法使与会者颇感头痛。美国总统艾森豪威尔曾幽默地说："真没办法，装聋作哑成为这位大演说家的新式防卫武器了。"

**3.改变话题，闪避自如**

如不愿回答别人向你打听的事情，可用巧妙变换话题的方法让对方处于被动地位，从而改变意图。

一段时间，由于台湾当局采取军事行为，造成海峡两岸局势紧张。在一次记者招待会上，一名外国记者有意发问："请问，对台湾问题，中国政府所采取的最后措施是什么？"我国外交人员冷静地答道："请阁下相信，我们最终会解决这个问题的。而我倒真有点担心，如果贵国反政府运动继续发展下去，贵政府是否具有维持现状的能力。"

这样的回答，有意改变话题，达到了巧妙拒绝的目的，而且语带讥讽：你还是多关心关心本国的事情吧！这样就把握了主动权。

**4.故意曲解，以虚掩实**

对于一些敏感的问题，提问者一般不直接就问题的本质提出疑问，而是从其他貌似平常的事物着手，旁敲侧击地进行诱导性询问。这时，我们可以故意装作不懂对方的真正用意，而站在非常表面的、肤浅的层次上曲解其问话，并将这种曲解强加给对方，使对方意识到我方的有意误解实际上是在表达委婉的抗议和回避，从而识趣地放弃自己的追问。

在一次记者招待会上，外国记者别有用心地问作家王蒙："请问，50年代的你与80年代的你有何相同与不同？"这里，这位记者的用意是路人皆知的。王蒙此时也十分清楚。他不慌不忙地抬起头，从容不迫地回答道："50年代的我叫王蒙，80年代的我也叫王蒙，这是相同之处；不同的是，那时我20多岁，而现在我则有50多岁了。"

记者的提问只给出了年代限定的范围，王蒙虽然知道对方是想借机让他谈一谈对中国国内形势改变的感受，但是却故意曲解其本意，只是从自己年龄变化的角度作答。这个回答虽然也算是"合格"，但实际上没有真正给对方任何有用信息，令其大失所望。

### 5.模糊应对，含糊其词

交谈中，问题的提出随机性很强，内容无所不包。尤其是在一些质询性的交谈中，经常可以碰到一些不能直接回答但又不能不回答、一时无法回答但又必须回答的问题，这时候，你可以巧妙地使用模糊论辩答对。

周恩来总理访问印度时，在一次印度总统举行的招待会上，有一位女记者问周总理："你已是62岁的人，看上去气色异常好，你如何注意自己的身体健康？是否经常运动，或者有特别的饮食？"周恩来回答说："谢谢你，我是东方人，我是按东方人的生活方式生活的。"

显然，周恩来必须回答这个记者刁难的提问，但又不可能也没有必要将自己的饮食起居情况告诉对方，于是用较为含蓄而模糊的语言回答，并收到了令人叫绝的效果。像这种在论辩中用不精确的、笼统含糊的语言回答问题的方法，被称为模糊论辩。

实践证明，运用模糊语言会取得良好的交流效果。不过，模糊语言也需慎用。因为不同民族对模糊语言意义的理解不一样。

## 自嘲是自信者的语言艺术

自嘲是自信者使用的艺术。因为自嘲需要拿自身的失误、不足甚至生理缺陷来"开涮"，对丑处、羞处不予遮掩、躲避，反而把它放大、夸张，然后巧妙地引申发挥，自圆其说，博得一笑，没有豁达、乐观、调侃的心态和胸怀是无法做到的。自嘲谁也不伤害，最为安全，你可用它来活跃谈话气氛、消除紧张；在尴尬中自找台阶，保住面子；在公共场合获得人情味；在特别情况下含沙射影，刺一刺无理取闹的小人。由此可见，能自嘲的人必定是智者中的智者，高手中的高手。

自嘲作为一种工具，自有独特的功效，而善于自嘲的人也总能受到别人的欢迎。

**1.缓解紧张情绪**

与人初次见面时往往会感到紧张，这是很自然的。问题是，如果对初次见面考虑过多，紧张就会加重。为了避免这种情形的发生，将自己紧张甚至失败时的情形说出来，自我嘲笑一番，是一种可行的方法。例如，有人说："你瞧！我一紧张就像酒精中毒一样，手不断地发抖，真没办法。"这么一说，手反而不抖了。

其实不管你是大人物还是小人物，自嘲都能让你备受欢迎。大人物因自嘲可减轻妒意获得好名声，小人物可以苦中作乐，甚至一夜之间成为笑星。

**2.显示自信，维护面子**

当你陷入尴尬的境地时，借助自嘲往往能使你从中体面地脱身。在某俱乐部举行的一次招待会上，服务员倒酒时，不慎将啤酒洒到一位宾客那光亮的秃头上。服务员吓得手足无措，全场人目瞪口呆。这位宾客却微笑着说："老弟，你以为这种治疗方法会有效吗？"在场的人闻声大笑，尴尬局面即刻被打破了。这位宾客借助自嘲，既展示了自己的宽广胸怀，又维护了自我尊严，消除了耻辱感。

**3.表示豁达，增加人情味**

笑自己的长相，或笑自己做得不很漂亮的事情，会使我们变得较有人情味，并给人一种和蔼可亲的感觉。一次，陈毅到亲戚家过中秋节，进门就发现了一本好书，便专心读起来，边读边用毛笔批点，主人几次催他去吃饭他不去，于是主人就把糍粑和糖端了过来。陈毅边读边吃，竟把糍粑伸到砚台里蘸上墨汁直往嘴里送。亲戚们见了，捧腹大笑。他却说："吃点墨水没关系，我正觉得自己肚子里的墨水太少哩！"人们喜欢陈毅，和他这种豁达、幽默的性格是很有关系的。

你以取笑自己和他人一起笑，会让他人喜欢你、尊敬你甚至钦佩你，因为你的幽默力量证明你有人情味。

**4.营造和谐的交谈气氛**

宴请活动中，用自嘲来对付窘境，不但能很容易地找到台阶，而且多会产生幽默效果。所以，自我解嘲，自己把自己胳肢几下，是很高明的一种脱身手段。一位胖子摔倒了，可说："如果不是这一身肉，还不把骨头摔折了？"换成瘦子，又可说："要不是身量轻，这一摔就成了肉饼了！"

由此可见，自嘲时对着自己的某个缺点猛烈开火容易妙趣横生。就这份气度和勇气，别人也不会让你孤独自笑，一般会陪你笑上几声的。

由此可见，适时适度地自嘲，不失为一种良好的修养，一种充满魅力的交际技巧。自嘲，能制造宽松和谐的交谈气氛，能使自己活得轻松洒脱，使人感到你的可爱和人情味，有时还能更有效地维护面子，建立起新的心理平衡。

## 第十一章

# 酒词助兴:让宴请活动有声有色

纵观中国人的盛宴,可谓是无酒不成席。各种宴会是不是饮用名酒,酒店的名气大小,菜肴是否丰盛可口等都是评判酒宴成功与否的基本条件。除了这些因素外,祝酒词也起着非常关键的作用。祝酒词的作用是通过祝酒时的语言把酒的各种作用发挥到极致。宴会上如果酒水、菜肴的档次、风格都恰到好处,和着展现自身风格魅力的宴会祝词,很容易使宴会达到高潮。因此,可以说祝酒词是控制宴会气氛、掌握宴会节奏、实现宴会目的、保证宴会效果的关键!

# 祝酒词及其精彩范例

祝酒词是在宴会进行中所发表的表示诚挚敬祝的讲话。祝酒词是一种与开幕词相仿，但更简单扼要的实用公关文书，通常在文书的最后有举杯祝愿的内容。严格地讲，祝酒词的结构形式有简约型和书面型两种，简约型多用一两句精炼的词语把致词者最美好的祝愿表示出来。

祝酒词的格式和写法如下：

(1)标题：一般由事由和文体构成。有的标题由致词人、事由和文体构成，其形式是“×××同志在××××会议上的祝酒词”；也有的只写文体“祝酒词”。根据具体情况，祝酒词的标题可简化或改变顺序。

(2)称谓：标题下行顶格写出席者的称谓，后加冒号。称呼要友好热情，可以加上头衔或表示亲切、尊重的词语，并注意称呼的准确性和包容性。

(3)正文：写欢迎词、欢送词应对前来的宾客表示欢迎、欢送或感谢；回顾主客间的交往与友谊，阐述宾客来访或有关活动的作用、意义，表明进一步加强交往的意愿等；对有关人员和活动表示各种祝愿。写答谢词应首先对主人的热情款待表示感谢；表明自己的来访成果及目睹双方合作的良好关系；向对方介绍或汇报情况；展望双方新的更广阔的合作前景。

一段新颖、恰当的祝酒词会使你在各种交际中轻松应酬，进而实现良好的沟通。实际上在我们日常的聚会当中，祝酒词也有很好的提升气氛的作用。衡量祝酒词是否成功，其尺度在于：当你说完了祝酒词后，在座的人是否情不自禁地干了自己杯中的酒。

(4)结尾：祝酒词的结尾是祝酒词的高潮，是气氛的最高点，也是简单祝词的全部篇章。约定俗成的惯例就是“为……干杯！”清代李渔曾说做文章要“凤头、猪肚、豹尾”，是说结尾要十分有力，耐人回味，三日绕梁不绝。祝酒词的结尾当然更应当富有激情和感染力。

迎宾祝酒词示例：

尊敬的各位来宾，各位领导，各位同志，女士们，先生们：

今天，北疆春酿酒有限责任公司举行产品展销会。“好酒喜迎八方来客，佳酿欣会四海宾朋”。在此，我们向来自世界各地的中外来宾，向新老客户，向所有的来宾表示热烈的欢迎，并借此机会，向过去给予我们公司支持和帮助的全体贵宾表示衷心的感谢！

正如大家所知，我们北疆春酿酒有限责任公司所生产的一品香系列白酒在广大消费者中享有盛誉。人称“酒闻十里春无价，醉买三杯梦亦香”。我们在发掘传统工艺的基础上，不断改革创新。老产品仍然保持着较高度数，以满足北方人口味的要求，工艺先进，美酒香醇，能使猛虎一杯山中醉，蛟龙两盏海底眠；铁汉三杯脚软，豪侠一盏摇头。

北疆春酿酒有限责任公司愿意和各方客户共同开发，扩大市场，联合经营，互惠互利，热情服务。欢迎大家品尝、饮用、经营一品香系列酒。让我们大家共同举杯——

为祝贺北疆春有限责任公司展销会迎来八方宾客，为各位来宾生意如同春意满、财源更比水源长，干杯！

## 祝酒词的五种形式

祝酒词按宴会祝词的先后顺序分类，可分为开场祝词、开场答词、中场祝词、结尾贺词等。开场祝词一般由东道主中职位最高的人承担，这是正式宴会的重头戏，也是各种宴会表现祝词人风采的最好时机；开场答词是主宾在主人致词后的答词；中场祝词发表在宴会的发展阶段，一般气氛比较热烈。

根据不同的宴会风格，祝酒词的语言风格可分为庄重式、诙谐式等，分别介绍如下。

**1.庄重式祝酒词**

大型庆典场面的主持人祝词(婚礼宴会除外)多采用这种风格。

庄重式祝酒词由于端庄隆重，特别适用于迎送外宾外商、重大庆典、商务交往的宴会等。一些欢快的场面也有人采用这种“庄重式”的祝词，但目的和效果不是为了庄重，而是要“反弹琵琶”，追求庄重式的幽默效果。

庄重式祝词主体风格要沉稳、庄重，语言风格要精炼，富于影响力。名诗、名言、警句可以充实于其间，恰当地应用，就会收到特殊的效果。

**2.诙谐式祝词**

祝酒词的主体语言风格以调侃、幽默为主，调节气氛，增进感情。一般在喜庆、迎送、友人相聚等多种场合，无论是主、宾及随行人员还是其他客人，庆典活动主持人，均可应用。

如果说庄重式祝词体现了祝酒风格中的“正”，那么诙谐式祝酒词则主要体现了“奇”。这个“奇”还体现在需要即时、即景、即情、即物、即酒生情，当机立断，当场发挥，当仁不让，旁征博引，妙趣横生，奇思妙想，出人意料。

**3.名诗名句式祝词**

即在祝酒词中恰当地引用名言、名句、名诗词表达情感，祝词的主体借助名言佳句，既能表现自身的素养风度，又能表现出浓浓的感情。在此，名句、名言为全篇“点石成金”，妙用无穷。根据宴会的中心意图，诸如友情、壮行、升迁、庆典、开业、送别等，用相应的中外名句、名诗词表达，在全部祝词中可以起到画龙点睛、升华主题的作用。由于中外名句、名诗特别是中国古典诗词的特殊感染力，不但能将酒宴的气氛渲染得热烈，使表达的意境升华，诗酒共风流，更能让人体味到祝词人的文化素养和风采。

**4.故事引申式祝词**

就是在热烈的气氛中有张有弛，讲一个十分精炼的小故事，然后引申为祝酒的主题。这种方式多用于中场祝词。在宴会的开始阶段和结尾时，特别是开始时的祝词不适用这种方式。用故事引申的方法祝酒，可以使气氛轻松愉快，更能够巧妙地表达自己的意图，是商务交往中运用迂回战术，在不伤感情、不影响总体气氛的情况下表达自己意志的聪明选择。这种方法在一些慰藉酒、送别酒等友人相会的过程中都可以采用。

**5.随机应变式祝词**

就是在宴会上随机应变、巧妙应对的祝酒词。这似乎与前面的即景生情式祝词相同，其实不然。即景生情式祝词是主动就宴会的场景发表祝词，而随机应变式是在遇到宴会中的突然变化或在挑战面前的以变制变、巧妙应答，如果应对得当，效果奇佳。采用这种祝词方式时，需要注意语言风度的掌握和语速的控制。

如在会见重要客商的宴会上，突然，一位随行人员不慎把一个酒瓶碰倒，酒洒到桌子上，又流到了客人的裤子上。待清理之后，主人举杯说道：“各位，刚才的不慎，使酒瓶倒在桌上，酒洒到了尊贵的客人身上。我在深感不安和歉意之余，也想告诉大家，这是我们的工作人员对刘总经理的为人和气质十分钦佩，为之倾倒，想和他交往，因此，就心有所思，手有所动，使酒瓶‘倒’向了刘总，酒浇(交)在刘总的衣服上，浸到了身上，使我们大家一阵忙乱，都被沾上了深情，交情长久(酒)。让我们大家为感情的交流和沟通，为我们的友情天长地久，干杯！”

# 祝酒词的语言艺术

现代祝酒词为了能够达到宴会祝酒的目的，有其内在的要求。这个要求并非有人制定后强制执行，而是为了保证祝福的效果约定俗成自然形成的。祝酒词为了实现宴会的预期目标，就必须符合一定的客观要求。

**1.祝酒词的风格**

祝酒词在整体风格上要体现短、真、畅、幽、直、妙。

(1)短：祝酒词必须别致精炼。宴会上大家持箸待餐，举杯待饮，客观上要求祝酒词不能等同演讲或者做报告，必须以简短的篇幅表达深意和真情。祝酒词只有别具一格才能精炼，只有精炼才能体现其本质特征，才能在激情四溢时恰到好处地收尾，并且耐人寻味。

(2)真：情溢于言表。无论接待外商还是内宾，是与客商的工作聚会还是与友人的感情聚会，酒宴上的祝酒词只有真情真意，才能使酒成为联络感情的黏合剂，以自己的真诚和着酒的作用，使宾主之间肝胆相照，陌生的人成为朋友。

(3)畅：语言流畅。祝酒词的语言流畅能给人以愉悦的感觉。语言的流畅能让人感受到致词人的信念和自身对所要表达的主题和情感的信心，也更能体现致词人的风采。

(4)幽：幽默诙谐。这是有智慧和修养的人才能表现出来的魅力。恰到好处的调侃、诙谐，可使酒的作用发挥到极限。幽默能给宴会带来欢快的气氛，是达到宴会目的的重要条件。

(5)直：直截了当。忌讳遮遮掩掩，说话躲躲藏藏。祝酒词要用较短的时间，把主题表达出来，所以要求直触中心，直接表明向谁祝酒、为了什么、祝福什么。说话不够直接的后果，可能是说了半天，宾客仍然不知所云。

⑹妙：妙趣横生，妙语连珠。即用连珠妙语烘托气氛，达到妙趣横生的效果。这有一定的难度，但是也有一些技巧可以参考。比如，引用一些著名诗句、名言警句，与宴会主题和现场的气氛相配合，加上自己的组合，见机而作，即使达不到妙趣横生的效果，在场的人也会敬佩你的创意。

**2.祝酒词的特点**

除重大的外交场合和郑重场面需要事先撰写好祝酒词的文字稿外，一般的祝酒词都是口头文学。因此，即便是预先准备的文稿祝酒词，也应充分考虑其口语化、礼节化、节奏化。

⑴口语化：酒宴祝词是饮食文化的主要部分，宴会是生活交际的欢快乐章，只有贴近生活的口语才能让人感到亲切，才适应酒宴的风格。宴会不同于报告会，更不同于演讲会，名人名言、警世妙语也都必须经过口语化的组合，才能发挥祝酒的作用，才能生动感人。

⑵礼仪化：不论是什么样的宴会，祝酒词的风格都必须符合礼仪礼节。致词人的祝词如果能注重礼仪礼节，那么通过祝酒饮酒，宾主之间就能既亲密无间，又保证了在一定的礼仪范畴内的“距离美”的效果。同时，礼仪也是尊敬他人的具体体现。

礼仪化还要有分寸。就是要在祝酒的时机、语言的选择，祝酒词的风格、称谓的亲近程度，祝酒的热烈程度，祝酒词的长短以及答词与前面祝词长短的适应程度等，都要掌握适度，才能收到奇效。虽然不能要求多一分则嫌长、少一分则太短，但也应根据不同的客人、不同的宴会性质把握一个适当的尺度。此外，还应包括具体言词的分寸。如“为先生和夫人的健康干杯”适用于外交场合，说“为朋友和他的爱妻的健康干杯”是友人的祝福。分寸的掌握对祝酒的重要作用不言而喻。

(3)节奏化：祝酒词的节奏化是指在语言的组织上应有韵律感。祝酒的语言如果有了比较好的节奏感、韵律感，会为祝酒增加感染力。祝酒词中的韵律感和节奏感并非一定要说韵文，要合辙押韵，而是要在语言的选择上和通篇结构上，在表达的语速上有韵律感和节奏感，唤起宴会参加者心灵的节拍，合成心曲的乐章。这不是幻想，这是祝酒词应当追求的境界。

## 欢迎词及其精彩范例

欢迎词是在欢迎宾客的场合，由主人在座谈会、宴会、酒会等场合对其光临表示热情欢迎所发表的致词。一篇优秀的欢迎词能够给客人留下良好的印象，加强宾主双方的理解和交流，从而为顺利开展工作打下基础。

欢迎词开头应对宾客的光临表示热烈欢迎。接着讲明来宾来访的目的和意义，述说宾主交往的历史和现状，展望未来合作的前景。结尾应再次表示欢迎或感谢，或讲一些祝福和希望的话，或以大家举杯共饮作为结束。

欢迎大学生返乡祝词范例：

各位同学，各位领导，各位同志，各位父老乡亲：

今天，我们乡的四位大学生学成回到家乡，和我们一起建设家乡，发展高效生态农业，这是我们乡有史以来从未有过的大喜事。你们学业有成，带着报效故乡的深情和科技知识回到故土，这是你们热爱家乡、建设家乡的深情厚谊，是家乡父老乡亲的骄傲和自豪。在此，我们以全体父老乡亲的名义，向你们表示崇高的敬意和热烈的欢迎。

你们回到了这片黑土地，这里是生养我们的故乡。这里有巍峨的高山，有山一样的伟业；这里有浩荡的嫩江，有水一样长的动人传说；这里有悬崖沟壑，有丰富的矿藏，也有石一样的贫瘠；这里有青松；有衰草，还有一望无际的高粱、大豆、小麦和玉米……这里有拼搏的精神，也有落后的痕迹；这里是理想扎根的土壤，这里有你们施展才华的广阔天地，这里能让你们的智慧闪光、青春靓丽。这里的父老乡亲欢迎你们，希望和幸福在这里孕育，财富和成功在这里创造，事业的风帆在这里扬起。故乡养育了你们，乡亲们给了你们求学拼搏的决心和勇气。希望你们：是故乡的小草，就要让黑土地上吐出新绿；是故乡的儿女，就要向母亲献出业绩。让我们共同把建设高效生态农业的种子播向广袤的黑土地。

请大家共同举杯：

为欢迎四位青年朋友回到故乡；

为祝愿四位青年朋友在故乡的黑土地上逞一代风流；

为预祝四位同学工作顺利，干杯！

写欢迎词应当注意以下问题：

欢迎词既要严谨、正式，又要尽量使用热烈的语气，营造活泼的气氛；讲述东道主热情好客的传统，可以使来宾感受到亲切的气氛；尽量做到求同存异，充分肯定宾主间已有的良好关系或合作成果，对彼此的分歧予以委婉处理或暂时搁置；真诚地赞美来宾是迅速赢得来宾认同与好感的有效方法；适当引用来宾熟悉的事例、谚语、方言等，可以拉近彼此的心理距离。

记住：主人对来宾了解得越全面、越深入，甚至了解到出乎对方意料的地步，则越容易获得来宾的好感。

# 答谢词及其精彩范例

答谢词是指在特定的礼仪场合，主人致欢迎词或欢送词后，客人所发表的宾客对主人的热情接待和多方关照表示谢意的讲话。答谢词也指客人在举行必要的答谢活动中所发表的感谢主人的盛情款待的讲话。

发表答谢词的重点在于表达出对主人的热情好客的真挚感谢之情。开头应先向主人致以感谢之意。主体部分先用具体的事例对主人所做的一切安排给予高度评价，对主人的盛情款待表示衷心的感谢，对访问取得的收获给予充分肯定，然后谈自己的感想和心情，比如颂扬主人的成绩和贡献，阐发访问成功的意义，讲述对主人的美好印象等。结尾再次表示感谢，并对双方关系的进一步发展表示诚挚的期望和祝愿。

答谢词范例：

尊敬的省、市、县民政局领导，远道而来的客人们：

今天，我们怀着无比激动的心情，在这里感谢省、市、县民政部门的领导和各方面代表，各位来宾，并通过你们向为我们捐赠物资的各界亲人们表示深深的谢意。三百多公里的路程遥远，十几万公斤粮食和衣物情意深长。这粮食衣物，是你们用辛勤的劳动汗水和心血换来的，是各界人民从自己的生活中省下来的。每一粒，都饱含着你们的深厚情愫；每一捧，都展现着你们的高尚风格。每一件衣物，都显示着你们博大的胸怀；每一分钱，都展示出你们奉献精神的灿烂光辉。这一件件衣物和白晶晶的大米是兄弟姐妹们的颗颗赤心，是父老乡亲们的殷殷情怀！在此，我代表全乡人民向你们表示深深的谢意。

水灾使我们乡80%的土地颗粒无收，但我们在各级党委和政府的关怀下，在省、市、县和各地党委、政府、群众团体和各界人民的无私援助下，一定能不辜负大家的期望，克服困难，重建家园。

尽管灾后困难，我们还是准备了便饭。我们乡的各族群众自发地从自己家里拿来酒菜表达心愿。这顿饭是百家宴，是团结宴，是感激宴。尽管菜肴简单，农家菜的淳朴比不上饭店的口味，但饱含的意义真诚深远。“炝腐竹”预示着走向富足；“炒干笋”象征着振奋；“红焖鸡块”表示着感激和祝福大家吉祥如意……

让我们举起这饱含着人们深情厚谊的村酿“小烧”，表达我们的感激之情，干杯！

如果欢迎、欢送的仪式是通过宴会的形式来进行的，那么欢迎词、欢送词、答谢词便是祝酒词。欢迎词、欢送词、答谢词适用于国际、国内各种迎来送往仪式。欢迎词、欢送词、答谢词的共同特点是篇幅短小，注重宾主的背景介绍，突出强调两者之间的合作关系及合作前途；注重礼貌热情，使用尊称、全名，不使用简称、代称；表达上要求委婉适度。

## 致祝婚词的艺术

祝婚词是在结婚典礼仪式上发表的，以赞颂新郎、新娘的人品，夸奖郎才女貌的般配，并祝愿他们婚后美满幸福、白头偕老等为中心内容的演讲。其内容多种多样，重点在于给予良好的祝愿，没有什么约束和规定，只要符合喜庆气氛就好。

祝婚词可以结合新郎、新娘的职业特点、文化爱好或婚礼的场所、时间、天气等，就某一方面大加发挥，形成特色，就是好的婚礼祝词。

祝婚词的一般结构是：

(1) 开头首先对新郎、新娘的幸福结合表示祝贺。比如可以这样开头："良辰美景，新人成双。今天晚上，×××和×××喜结良缘，我向你们表示热烈的祝贺，衷心祝愿你们幸福美满，白头偕老！"

(2) 中间部分往往是叙述几句对他们结婚一事的感想，比如是志同道合的结合，或是患难与共的结合，等等。最好讲些自己了解的有关新郎、新娘相互学习、互相爱慕的趣事，以活跃婚礼的气氛。例如这样一段："他们都是电学专业毕业的大学生，在厂里又都在一起工作，过去是同校、同班、同学；现在是同厂、同组、同行。俗话说'同行是冤家'，可他们不仅没有成为冤家，反而成了'亲家'，'亲'到了一块，成了比翼鸟，携手齐飞，形影不离。刚才，主婚人宣读了他们的结婚证书，这就表明，从登记之日起他们就是一对合法的、幸福的、恩爱的、非常般配的夫妻了！"这段话由新郎、新娘的文化程度谈起，妙趣横生，为婚礼增添了许多喜庆气氛。

(3) 结尾部分应当是对新郎、新娘表示美好的祝愿。比如说："我祝你们小夫小妻月圆花好，白头到老！""祝你们相亲相爱，白头到老，孝敬双亲，生个胖娃，锦上添花！""祝一对新人幸福、愉快，一切如意"，等等。

祝婚词的语体也可以多种多样。有的是口语体，说的是大白话，词意恳切，如聊家常；有的是散文体，半文半白，带些书面语言的特点，以表文雅之意。总之，祝婚词的内容是丰富多彩的，形式不拘一格。越贴近新人实际、结合现场实际，则越亲切、越有喜庆气氛。当然，要注意的是，不同身份的人致祝婚词时还是有所区别的。

新婚喜宴祝词范例：

尊敬的各位来宾，女士们、先生们，朋友们：

今天是个喜庆的日子，夏俊山先生和罗莉莉女士结成百年佳偶，一世良缘。在这激动人心的美好时刻，首先，请允许我代表各位嘉宾，向新郎新娘致以衷心的祝福。同时，也受两位新人和两家亲友的委托，向在百忙中光临今天婚礼的各位亲朋好友、向各位来宾表示热烈的欢迎和衷心的感谢！

爱情是人一生最隆重的喜剧，是人生不朽的主题。这一对新人锦堂双璧合，玉树万枝荣，携手浴爱河，新婚结同心。他们有过“月上柳梢头，人约黄昏后”的初恋情怀，也有过“冷落清秋伤别离”的心心相印，融合了似水柔情，确定了如梦佳期，经历了题诗红叶、彩耀青鸾的温馨浪漫，迎来了“欢联二姓，缘结三生”的幸福时刻。他们的幸福爱恋是任何美妙的爱情故事都无法比拟的！新郎夏先生文笔非凡，才华横溢，大器早成，事业如日中天；新娘罗女士温柔端庄，纯美善良，工作事事争先。郎才女貌，般配无双。花开并蒂姻缘美，人共同心恩爱长。我们衷心祝福这一对新人“喜结缘盟永相爱，壮怀鹏志共双飞”。

请大家共同举杯：

为祝福两位新人天长地久，花好月圆；

为感谢各位嘉宾的光临；

为大家来贺喜，众人同喜喜事不断，事事顺利，干杯！

## 致生日祝词的艺术

庆祝诞辰，一般在六十岁以前都叫“过生日”，六十岁以后称“做寿”，逢十则做大寿；有的地方则为避讳，认为“十全为满，满则招损”，所以往往“做九不做十”。

在民间流传一句话：“小孩生日一只蛋，大人生日一碗饭。”是说小孩非周岁生日，成人非整生日一般不必邀请亲朋庆祝，只是家庭略备些酒菜或开个家庭生日晚会庆贺一番即可。家庭给老人做寿，应由子女或亲友出面组织庆祝活动。习惯上，一百岁称上寿，八十岁称中寿，六十岁称下寿，都要隆重庆祝。

致生日祝词的注意事项：

(1) 祝寿词要真挚热情。很多人都会在给老人祝寿时说“祝您福如东海，寿比南山”。但只有这一句是不够的，还应当结合寿星的具体情况，真挚、恰当、热情洋溢地发表祝词。

(2) 祝寿词不要渲染“老”字。家庭祝寿活动比较普遍，中心是祝愿长者健康、长寿、幸福、快乐。祝寿，都由晚辈出面，邀请亲朋好友参加，欢聚一堂。祝寿词随意而发，多半简短、亲切，你一言我一语，以讨老人高兴、欢心为主，不拘形式。

在致祝寿词的时候，有一点需要注意，即祝词中虽然离不开“寿”字，但不要渲染“老”字。俗话说“人老心不老”，即心理不老，心理不老人就不服老。人的心理年龄和生理年龄不等同，一般心理年龄比生理年龄要年轻，所以寿而不老是人的正常心态。如果大家都说他老，一旦他自己也感到年老了，从心理上老化了，那么就会加速其心理和生理的衰老，与祝寿的目的背道而驰。如说“人生自当五十始，您还年轻着呢……”就比较好。心理不老，保持年轻人的精神状态，是有益于长寿的。

(3) 祝词要认真诚恳。准备祝词，一定要加入对对方称颂、赞扬、肯定的内容。同时也不要忘了，如果具体场合允许，应借机表示致词者对被祝贺者的敬重与谢意。

六十寿辰祝词范例：

尊敬的各位来宾，各位朋友：

三祝筵开贺花甲，九如诗颂乐嘉宾。今天，三江鱼馆“北斗临台座，南山祝寿杯”。欣逢梅子涵先生六十大寿，首先，让我们向各位来宾表示热烈的欢迎，向梅老先生花甲大寿“二回甲子春初度，九重青云映霞觞”表示衷心的祝福！

酒介南山寿，觞开北海樽。今天，在梅老先生花甲大寿之际，年老喜看花千树，人寿笑敬酒一杯。我们共同举杯为梅老先生添寿祝福。梅老先生六十年来“行可楷模争称德，寿如松柏岁长春”。他少年时家境贫寒，可他“立品如白玉，读书到青云”，博学深思增智慧，更新除旧见精神。通过勤奋苦读，他学业大进。梅老先生早年从企业的财务人员做起，担任过部门经理，分公司经理，总经理，不到40岁就担当大公司的执行总裁等重要职位。他“百尺竿头未止步，盛名之下更虚心。”担任大公司董事长近20年，无论是他的同事还是他的弟子，以至于他的商业竞争对手，都称赞他“虚心效竹节，人品如兰馨。”如今他“志大年高一身干劲，童颜鹤发满面春风”。让我们“琥珀盏斟千岁酒，琉璃瓶种四时花”，大家共同举杯：

为梅老先生甲子重新如山如阜，春秋不老大德大年；

为梅老先生乐享遐龄寿比南山松不老，欣逢盛世福如东海水长流；

为梅氏家族长者长寿人人长寿，五世其昌世世其昌；

为各位来宾同贺花甲，共祝期颐，福寿无边，干杯！

# 第十二章

# 中餐就餐礼仪与注意事项

中国人习惯享用中餐。中餐菜肴品种丰富，烹调复杂，样式精美，是商务宴请时的首选。在商务宴会中，以中餐款待宾客，有很多不同于日常的礼仪需要遵守，如席位安排、点菜顺序、餐具使用等。作为一名文明食客，不仅要有良好的卫生习惯，更要注意行为举止的文雅有礼，出席宴会时，更应了解和讲究相关礼仪。

# 中餐入座礼仪

每次参加宴请，总免不了首先得就座礼让一番，这是中国人吃饭前的重要仪式。少了这个仪式，让大家随便坐了，坐主位者便显得太狂妄尊大，坐次位的人自然也会心中不忿，如此这般的各自心有千千结，便不能胃口大开吃顿好饭。所以，入座的礼仪十分重要。

**1.座位的选择**

(1)要知道自己当天所扮演的角色，也要了解男、女主人在餐桌上的位置，以及其他男女陪客的位置，然后按照自己扮演的角色入座，才不会失礼。

(2)赴宴入座不可见空位就自行坐下。高级饭店往往是由服务员引领入座，以免坐错席位。入座时注意桌上座位卡是否写着自己的名字，不要随意乱坐。

(3)入座时，应让年长者、地位高者和女士优先，如邻座是年长者或女士，应主动协助他们先坐下。同时，应与同桌点头致意。

(4)最得体的入座方式是从左侧入座。即以右手拉开椅子，从椅子左边入座。如果你是第一个走近桌子的人，那就顺势向里移，以方便其他人就座。

(5)当你走近座位时，切记要用手把椅子拉后一些再坐下，如果用脚把椅子推开，就表现出你是一个很粗鲁的人。小姐们若有男友同行时则不必自己动手拉椅子，因为这是男友的责任。

(6)工作餐是一种非正式的商务宴请，对于座次的安排一般没有严格要求.宾主双方可自由入座。出于礼貌，主人应等客人落座后再坐下，且应把座向较好的位置让于客人。如果主人与客人为同性，主人可坐于客人的对面，也可坐于客人左侧。客人为异性时，主人应选择客人对面的位置。

(7) 在餐厅用餐，当人多椅子不够用时，不可乱拉旁桌的椅子，应请服务员协助搬取足量的椅子，或另找个宽敞的餐桌落座。

**2.保持良好的坐姿**

(1) 坐在餐桌边的时候，身体应保持挺直，两脚并齐放在地板上。当然，这并不是要求在餐桌上必须像军校的学生一般坐得笔直，但也不能弯腰驼背地瘫在座位上。

(2) 用餐时，上臂和背部要靠到椅背，腹部和桌子保持约两个拳头的距离。两脚交叉的坐姿最好避免。在上菜空闲，把一只手或两只手的手肘撑在桌面上并无伤大雅，因为这是正在热烈与人交谈的人自然而然会摆出来的姿势。不过，吃东西时，手肘最好还是离开桌面。如果两只胳膊不顾一切地往外张开，使得左右两边的同席者感到不便，是很不礼貌的。

(3) 暂停用餐时，双手的摆放有多种选择。可以把双手放在桌面上，以手腕底部抵住桌子边缘；也可以把手放在膝上，双手保持静止不动。不管怎样，这样比用手去拨弄盘中的食物或玩弄头发要好得多。

## 中餐宴席的上菜顺序

中国菜不只讲究美味和营养，还讲究宴席的合理布局。无论点菜还是上汤，都有严格的顺序。

现今一般的宴席以10～12人为一桌，每桌提供12～14道菜肴，所有菜色主要是由冷盘、热炒、主菜、甜菜、点心、汤类、水果等构成。

### 1.冷盘

冷盘又称为冷拼、冷碟、冷荤、拼盘、凉菜或开胃菜，具有开胃佐酒之功用，需在开席前放置于餐桌上。一般而言，冷盘的形式有单盘、双拼、三拼、什锦拼盘或花色拼盘带围碟等。开胃菜通常是4种冷菜盘组成的大拼盘，有时种类可多达10种。

### 2.热炒

亦称为热菜或热荤，一般排在冷菜后、大菜前，起承上启下的过渡作用。它多系速成菜，以色艳、味美、鲜热爽口为特点，一般是2～4道，是宴席中不可缺少的项目之一。热菜口味变化多端，造型引人入胜，可以用来配饭或佐酒，多以煎、炒、烹、炸、爆等快速烹调方法制成。

### 3.主菜

主菜又称大菜，是宴席中最重要的组成部分。主菜通常由头菜(整席菜点中原料最好、质量最精、名气最大)、热荤大菜(包括山珍菜、海味菜、肉畜菜、禽蛋菜等)组成，数量根据宴席的档次和需要确定。

### 4.甜菜

甜菜包括甜汤、甜羹，泛指宴席中一切纯甜味的菜品。其品种较多，有干稀、冷热、荤素之不同，需视季节和席面而定。甜菜在宴席中所占的比重虽然不大，但也不可缺少。一般常利用冻晶、挂霜、蜜汁、拔丝等方法制成，是爽口、解腻的佳品。

### 5.点心

点心是主菜的配角，随主菜上桌，通常是一些糕、粉、团、面、饺、包等制品。一般而言，一桌宴席可配两道点心甚至更多，可视宴会主人的喜好而增减。点心可分为甜、咸两种。

### 6.汤类

中国人吃饭总要有汤，否则会有不足之感，所以汤在宴席中占有相当重要的地位。每当我们吃完一顿丰盛的佳肴后，若能即时喝上一两口鲜汤，一种清口润喉、通体舒畅之感便会油然而生，实在是人生一大享受。宴席上所准备的汤品强调清淡鲜美、香醇爽口，尤以清汤为佳。

### 7.水果

愈来愈多的宴席场合备有水果，方便客人在所有食物用毕之后，吃些水果来帮助消化，因为水果具有解腻、清肠、利口、润喉及解酒等作用。

中餐宴席上菜的顺序并非一成不变，如水果有时可以算在冷盘里上，点心可以算在热菜里上。较浓的汤菜，应该按热菜上；贵重的汤菜如燕窝等，要作为热菜中的头道。

中餐宴席上菜的基本原则是：拼盘先上；鲜嫩清淡先上；名贵的食品先上；本店名牌菜先上；容易变形、走味的菜先上；时令季节性强的菜先上。

## 使用筷子的礼仪

筷子是中国人的终身伙伴，古人写诗赞筷曰：“不可一日无此君。”确实如此，筷子让你酸甜苦辣皆尝遍，享尽美食在人间。但当你在以筷子大饱口福时，切不可忘记筷有筷礼、箸有箸规。每位用筷进餐的炎黄子孙，必须重视餐桌之礼、用筷之礼，只有理解尊重箸文化，才能享受箸文化所创造的美食气氛和乐趣。

### 1.席间摆筷子的礼仪

筷子是成双成对出现的，同一餐桌上应使用等长、同色、同质的筷子，摆放时应将它们摆整齐，不要一根长一根短，一头大一头小，更不可一根横放一根竖放或交叉摆放。筷子摆放时应小头向里，搁在筷架上或放在自己的菜盘上。席间要暂时放下筷子时，应按开始摆放的样式放好。

**2.规范的执筷姿势**

握筷一般使用右手。若左右手不分，在就餐或取菜时会出现筷子“打架”现象。握筷子的位置要适中，不可握得过高或过低。

规范的执筷姿势的取位处，以成人为例，一般以拇指捏按点在上距筷头约占筷长1／3或略少于1／3处为宜。这样既看起来雅观大方，又便于筷子的适当张合使用。而时下各种不规范执筷姿势的取位，大多是过分向下靠近筷足，不仅看上去不雅，筷足张合不灵，且会两根筷头碰撞到一起发出响声。因为取位过低，筷足不能适当张合，因此在取食物时，尤其是夹取诸如粒、丁一类较细碎食料时，其笨拙便会充分显现出来。

**3.席间使用筷子的礼仪**

在席间用筷子要轻拿轻放，切不可随便扔掷，更不能在菜上来前用筷子敲击桌碗。因为中国人认为用筷子敲碗、碟是乞丐要饭的方式。席间不用筷子时，应将其对齐放在自己的味碟上面，或放在自己的杯子右侧，不可架在公用菜盘上或搁在邻座宾客面前。

**4.用筷子夹菜的礼仪**

吃饭时，要等坐正中间位置的人动第一筷后，众人才能跟着各动其筷。灵活、文明的用筷方式，应当是筷足接触食物一下到位，一次成功，即入即出，进退有序，筷不宜与食物接触时间过长。要定睛、提气，慢慢举筷，不动声色地悄悄瞄准，然后一筷下去夹中目标。如一次没有夹住，切不可在盘中徘徊，也不可空筷而返，一定要顺势夹取其他一物。如果筷子行到一半，突然间半路里杀出个程咬金，横刀夺爱，棋先一招将目标夹去，也不得乱了分寸，当随机应变，马上筷子转向，投入别的菜盘夹菜，不给他人添尴尬。

用筷子夹菜时不要“举筷不定”。不要从碗里挑菜拣食，不要用筷子来撕口中的鱼肉，更不能用筷子来回戳食菜肴。中国人喜欢多人从一大盘菜中取食，在夹菜时，要注意避开其他客人的筷子，免得伸到盘内时与别人的筷子相交叉。不要伸胳膊去夹取对面较远的菜肴，这是失礼的表现。在餐桌上谈话时要放下筷子，绝不可用筷子做手势，举筷在别人面前指来画去，使筷子在餐桌上乱舞，这是粗鲁和缺乏教养的表现。

## 中餐进餐礼仪

**1.菜肴的取用方法**

菜肴一上桌，理所当然应由主宾先取用。不管是哪一道菜，凡主宾尚未动筷，其他人都不该率先取食。有时，第一道菜是由主人或主宾替其他同席者服务。此后，除了由服务员分配的菜肴外，其他依然是由主宾开始按顺序取菜。

取菜时，不要一次取得过多。盘中食物吃完后，如不够，可以再取。如由服务员分菜，需增添时，待服务员送上时再取。

有时，邻座的男士会替女士服务，这倒无所谓，只是不能太依赖对方，还是需由自己动手。

若需使用公筷或公用调羹，应先用公筷将菜肴夹到自己的碟盘中，然后再用自己的筷子慢慢食用；不要刚夹一样菜放于盘中，紧跟着又夹另一道菜，也不要把夹起的菜放回菜盘中，又伸筷夹另一道菜；不可抢在邻座前面，或站起来伸长手臂去夹远处的菜；夹菜时若偶尔掉下一些在桌上，切不可将其放回菜盘内；遇邻座夹菜要主动避让，谨防筷子打架。

**2.劝菜有礼**

中国人吃饭，除表现合作外，还倡导礼让。在酒宴上，中国人的劝菜颇有特色，起初是消极的让，一叠声地“请请请”，请人先夹菜，劝人多吃好东西；后来又直接把各色美味佳肴夹(塞)到别人的碟子里、饭碗里。

中国人一向以热情好客闻名于世，主人会向客人介绍菜的特点，并反复向客人劝菜，希望客人多吃一点。有时热情的主人还会用公筷为宾客夹菜，这是主人热情好客的表示。对此，出于礼节的需要，宾客应表示感谢，并根据自己的胃口适量享用。

但是，主人所喜欢的“好菜”未必是客人认为好吃的菜。所以，切勿盲目或一厢情愿地为客人夹菜。有时候，把客人不爱吃的东西硬塞给他吃，与其说是有礼貌，不如说是令人难堪。

**3.婉拒不喜爱的菜肴**

碰到自己不喜欢的菜肴时，并不是没有解决的方法，最好的方法是勉强吃下。除了特殊的菜肴之外，其他一律不分好恶全部吃下，才是礼貌的行为。可是，如果不是因为不喜欢，而是因过敏等疾病或宗教信仰等原因不能吃，则应该告知主人。

若是在一些无法提出个人意见的宴会上，取菜时就应选小块或少取些，这样纵使吃不下而留在盘里，也不致过于醒目，否则完全不取也无所谓。但是，不能只取配菜不取主菜的肉或鱼；相反，你可以只取主菜而不取配菜。

对于本人不能吃或不爱吃的菜肴，当服务员分菜或主人夹菜时，不要拒绝，可取少量放在盘内，并表示“谢谢，够了”。对不合口味的菜，勿显露出难堪的表情。

如果是在别人的家中碰到了自己不喜欢吃的菜，你不可以拒绝，可以让它待在盘中，如果主人提醒你用这道菜时，你可以回答“我吃了一点了”“我吃不下了”，千万不要说“我讨厌吃这种食物”一类的话。因为无论如何主人都希望自己的招待能得到客人的肯定。

**4.使用旋转餐桌的注意事项**

⑴旋转桌旋转的方向要由主客位向右转，亦即按顺时针方向转动。

⑵不可以把自己的餐具放在旋转桌上。

⑶转动旋转桌时要小心，别太用力，也要注意是否碰到旁边的餐具和是否有人夹菜。

## 使用中餐具的礼仪

中餐与西餐相比，区别之一就是就餐所用的餐具不同。中餐的餐具主要有杯、盘、碗、碟、筷、匙等。下面我们就介绍一下中餐餐具(筷子的使用已专做介绍)使用的一些注意事项与礼仪。

**1.勺子**

中餐里勺子的主要作用是舀取菜肴和食物。有时，在用筷子取食的时候，也可以使用勺子来辅助，但是尽量不要单独用勺子去取菜。同时，在用勺子取食物时不要舀取过满，以免溢出弄脏餐桌或衣服。在舀取食物后，可在原处暂停片刻，等汤汁不会再往下流时再移过来享用。

用餐期间，暂时不用勺子时，应把勺子放在自己的碟子上，不要把勺子直接放在餐桌上，或让勺子在食物中“立正”。用勺子取完食物后，要立即食用或是把食物放在自己的碟子里，不要再把食物倒回原处。若是取用的食物太烫，则不可用勺子舀来舀去，也不要用嘴对着勺子吹，应把食物先放到自己碗里，等凉了再吃。还有，注意不要把勺子塞到嘴里，或是反复舔食吮吸。

**2.碗**

中餐的碗可以用来盛饭、盛汤，进餐时，可以手捧饭碗就餐。拿碗时，用左手的四个手指支撑碗的底部，拇指放在碗口边。吃饭时，饭碗的高度大致和下巴保持一致。

**3.盘子**

中餐的盘子有很多种，稍小点的盘子叫碟子，主要用于盛放食物，使用方法和碗大致相同。用餐时，盘子在餐桌上一般要求保持原位，不要堆在一起。

需要重点介绍的是一种用途比较特殊的盘子——食碟。食碟在中餐里的主要作用是暂放从公用的菜盘中取来享用之菜肴。使用食碟时，一般不要取放过多的菜肴在食碟里，那样看起来既烦乱不堪，又十分不雅。不吃的食物残渣、骨头、鱼刺不要吐在饭桌上，而应轻轻取放在食碟的前端，取放时不要直接从嘴里吐到食碟上，而要使用筷子夹放到碟子前端。如食碟放满了，可示意服务员换食碟。

**4.汤盅**

汤盅是用来盛放汤类食物的。用餐时，使用汤盅有一点需注意：将汤勺取出放在垫盘上，并把盅盖反转平放在汤盅上，就是表示汤已经喝完。

**5.水杯**

中餐的水杯主要用于盛放清水、果汁、汽水等软饮料。注意不要用水杯来盛酒，也不要倒扣水杯。另外还需注意，喝进嘴里的东西不能再吐回水杯里，这样是十分不雅的。

**6.牙签**

牙签是中餐餐桌上的必备之物。它有两个作用，一是用于扎取食物；二是用于剔牙。但是用餐时尽量不要当众剔牙，非剔不行时，要用另一只手掩住口部，剔出来的食物，不要当众“观赏”或再次入口，更不要随手乱弹、随口乱吐。剔牙后，不要叼着牙签，更不要用其来扎取食物。

**7.餐巾**

餐巾，又名口布、茶巾等，它是宴会酒席上专用的保洁方巾，主要是防止食物沾污衣服，也可用来擦手上或嘴上的油渍。在正式宴会上，客人需待主人先拿起餐巾时自己方可拿起餐巾，反客为主的做法是失礼的。打开餐巾后，应将其摊放在自己的腿上，以能接住可能滴落的食物为宜。

餐巾也可用来擦拭嘴巴和手。擦拭嘴巴时，可拿起餐巾的一角在嘴唇上轻轻压一下。餐巾弄脏的部分为了不让人看见，可往内侧卷起。将鱼骨头或水果核吐出时，可用餐巾遮住嘴，然后用手指取出放在餐盘中。也可以直接吐在餐巾内，再将餐巾向内侧折起，此时服务生会注意到并换上一条新的餐巾。

如果有事临时离座，应将餐巾折好放在餐桌上，不要随意揉成一团或顺手往椅背上一搭。用餐后，可用餐巾揩拭嘴角或手，但千万不要把餐巾当作抹布，在餐桌上乱擦。

餐巾是可以弄脏的，如不想将餐巾弄脏而取出自己的手帕或面纸使用，是违反用餐礼仪的。不过，用来擦汗或是擦鼻涕，或是将口红整个印在餐巾上，也是不对的。涂了口红的人应在用餐前以面纸轻压，而不要将口红印在餐巾上。

## 五种特殊菜肴的食用方法

**1.如何吃鱼**

如果上桌的是一道鱼片菜，鱼刺已大部分被剔除，食用时则可以放心大胆地用筷子夹着吃。如果是整条鱼，则应先由头至尾单吃一面，吃完一面后，打断鱼骨并将其放入骨碟中，再吃另一面。应注意的是，先吃完一面后，尽量避免将鱼体翻过来吃另一面，不要让菜盘内只留有鱼骨。

吃鱼时如有少量骨刺混入口中，应尽量在口中仅留出骨刺，然后用拇指和食指取出放入骨碟内。

如有人爱吃鱼头，可在席间将鱼头与脊背切断，再将鱼头夹到自己的食碟中享用。

**2.如何吃虾**

(1)吃龙虾：首先，用左手将龙虾固定在盘中，右手用力扳下龙虾大螯，放在盘子一边，再用筷子取出尾部的虾肉，分切成数小块，蘸上酱汁食用；之后，用手扳下小虾螯，从有裂口的一端吸取甜美的虾肉和汁液，再将大螯夹裂，取出虾肉，分切成数小块，蘸上酱汁食用；最后吃龙虾的肾脏肉，可分切成数块，用筷子夹着蘸酱汁调味食用。

(2)吃明虾、草虾：明虾、草虾等多是带壳煮或炒食。这时，虾壳大都无法单用筷子剥掉，因此处理方式有三：一是连壳放进嘴里，再把壳吐出。这种方法看似不雅，但壳沾有调味汁时，可充分品尝其美味；二是当虾背已用刀划开时，可一面用筷子压住，一面用手剥壳，这种方法相当优雅；三是两手剥壳，其优点是最易去壳。

(3)吃炸虾：用食指和拇指捏住虾尾，将虾头去掉，把虾身浸到调味品中蘸食，吃时去掉虾尾。虾头、虾尾等不能食用的部分放入骨碟内。

**3.如何吃蟹**

吃螃蟹是不能着急的，得耐着性子慢慢吃。不会吃蟹的人，通常是连壳带肉一口咬下去，然后嚼几下，再连壳带肉吐出来，这样真正吃到肚内的蟹肉很有限。吃蟹要把握以下几个要点：

(1)螃蟹要等晾凉了以后再吃。先把螃蟹身上圆形的盖子揭开，如果是母的，你会在肚子的地方看到黄澄澄的蟹黄，这是螃蟹身上最好吃的东西。你也会在两边靠近大腿的地方看到一些白的像刷子毛一样的东西，那是不能吃的。

⑵吃完蟹黄就可以吃蟹肉了。蟹肉是白色像鱼肉一样的东西。最好把螃蟹掰成两半，这样可以把白花花的蟹肉暴露出来。

⑶一般人最后吃螃蟹腿，因为吃螃蟹腿很费时间，而且腿里肉不多。你可以用专门吃螃蟹用的夹子把螃蟹腿的硬壳夹碎，也可以用牙签或者叉子把蟹肉弄出来。

⑷吃时必须除尽蟹鳃、蟹心、蟹胃、蟹肠“四小件”，因为这“四小件”含有较多的细菌、病毒、污泥等。蟹黄中胆固醇含量较高，患有冠心病、高血压、动脉硬化、高血脂的人应少吃或不吃。

⑸佐以姜、酒解寒气。食蟹时可稍用调料，但在调料中必须加新鲜姜末，因为姜具有温中散寒解毒之功。吃蟹时，有些人喜欢喝一点酒，其实也是借酒的温辛来解蟹的寒。吃蟹后如感到肠胃不适，可用姜数片煮水，趁热饮下，有暖胃之功效。

**4.如何吃原盅菜**

原盅菜，大到坛子炖品，小到盅式盛器，适合于多人聚餐享用。作为果品盅上桌，可以用西瓜、冬瓜、南瓜等精雕细琢后来做盛器，内盛用冰糖煨过的各式水果球。享用时，可先由主人开启盖子，用公用汤勺给宾客盛装，盛时应注意以手托住碗底部，不要碰碗口，盛入量以每位客人盛器的1／3或1／2为度。也可以由宾客自己舀入碗中，但仍要使用公用汤勺。另外，像坛子炖菜、狮子头炖菜，喝汤方法均同上。但狮子头为一个大的肉圆，在砂锅内放的数量不会太多，席间不可能每人舀出一个享用，只需用筷子夹取适量享用即可。

### 5.如何吃拔丝菜

拔丝菜口味香甜，丝长不断，象征着宾主的友好关系至亲至密，永久不断。拔丝菜上桌时，一定不要忘了给它保温，即在装有拔丝菜的盘下垫一碗开水或放在一个稍大的盛有酒的盘子里，随后将酒用点燃。这道菜保温后方能顺利夹起，否则糖液很快凝固，整盘菜会令人无从下筷子，让人看着香甜可口、金黄鲜亮的菜却无法享用。

此类菜肴上桌前还需上一碗冷开水。客人在食用拔丝菜时，用筷子夹出带有细长丝的原料，放入冷开水碗里涮一下，这样有利于糖液凝固和原料降温，方便食用。

## 传统的奉茶之道

西方人有饮餐前酒的习惯，而在国内，用什么装点上菜前空空荡荡的餐桌呢？中国有喝茶的传统，茶当然是首选。饮茶中，大家可以利用餐前时间制造轻松的气氛，边品边叙，也是谈生意的好机会。

饮茶的传统是老祖宗留给我们的财富。从三千多年前的周朝起，茶就已经被奉为礼品和贡品。“客来敬茶”，在两晋、南北朝时期已经成为人际交往的礼仪。

### 1.选茶的礼仪

茶，可以分为五大类：红茶、绿茶、乌龙茶、花茶、紧压花茶。各类茶都有与众不同的特色，而不同的人往往对茶有着各不相同的爱好。以茶待客，当然应该投其所好。所以点茶之前，最好先征求客人的意见，根据客人的爱好或者要求来选茶。

**2.装茶的礼仪**

这里所谓装茶，指的是向客人的杯(碗)中放入茶叶。装茶礼仪主要涉及两个问题：一是茶具必须完好、清洁。一套完整的茶具，一般包括茶杯(碗)、茶托和茶盘等物。当然，由于具体条件的限制，有些时候往往没有茶托或茶盘。“完好”指的是每一件茶具都不能有破损，“清洁”指的是每一件茶具都要洗净，没有茶垢。二是装茶之前要先洗手。因为装茶是需要用手来操作的，将手洗干净，不但是卫生的需要，更是对客人的尊重。装茶时应用茶匙，即便洗过手了也不应该用手去抓茶叶。

**3.上茶的礼仪**

以茶待客时，由何人为来宾奉茶，往往涉及对来宾重视的程度。在家中待客时，通常可由家中的晚辈或是家庭服务员为客人上茶。接待重要客人时，则应由女主人甚至是主人自己亲自为之奉茶。

在工作单位待客时，一般应由秘书、接待人员、专职人员给来客上茶。接待重要的客人时，则应由本单位在场的职位最高者亲自为之上茶。

工作人员或服务人员上茶时，一定要注意上茶的先后顺序。在客人与主人之间，要先给客人上茶；在客人与客人之间，要先给主宾上茶。

有两位以上的客人时，用茶盘端出的各杯茶茶色要均匀，并要左手捧着茶盘底部，右手扶着茶盘的边缘。如有茶点心，应放在客人的右前方，茶杯摆在点心右边。上茶时，应以右手端茶，从客人的右方奉上，并面带微笑。

**4.斟茶的礼仪**

这里所说的斟茶，指的是往茶杯(碗)中加入沸水。它可以是开始沏茶时加入沸水，也可以是初次沏茶之后间隔一段时间再往茶杯(碗)中添上或续上沸水。无论是哪种情况，都一定不能将水斟满。因为中国人待客的常礼是“浅茶满酒”，即泡茶要浅，斟酒要满。泡茶敬水，一般以水至杯(碗)的2/3处为宜。如果斟满杯(碗)，则有厌客或逐客之嫌。

在斟茶过程中，作为客人应该有所示意，或起身，或欠欠身。

为客人敬茶时，一定要注意尽量不用一只手上茶，尤其是不要只用左手上茶。同时，双手奉茶时，切勿将手指搭在茶杯杯口上，或是将其浸入茶水中而污染茶水。

在放置茶杯时，千万不要粗枝大叶，以致碰撞客人，也不要把茶杯放在客人的文件上，或是其行动时容易撞翻的地方。将茶杯放在客人右手附近，是最适当的做法。以上是一般的敬茶方法，在商务宴请场合中，这些事情一般由专门的服务人员来完成。

**5.饮茶的礼仪**

俗话说，吃有吃相，睡有睡相。饮茶也是一样，无论客人、主人，饮茶时都应慢慢地一小口一小口地细心品尝，切忌大口大口地吞咽，或者喝得咕噜咕噜直响。如此饮茶，不但不雅，而且也会影响旁人。

此外，饮茶时如遇水面有漂浮的茶叶，可用茶杯(碗)盖将其轻轻拂去，或用嘴将其轻轻吹开。切不可用手将其捞出，又随手扔在地上。女士喝茶前，应该先用化妆纸将口红轻轻擦掉些，以免口红印留在杯子上。

## 宴请中的餐桌礼仪

中餐宴席中，用餐时要注意文明礼貌。对外宾不要反复劝菜，可向对方介绍中国菜的特点，由对方自由取食。用餐结束后，可以用餐巾、餐巾纸或服务员送来的小毛巾擦擦嘴，但不宜擦头颈或胸脯；餐后不要不加控制地打饱嗝；在主人还没示意结束时，客人不能先离席。餐桌上还有许多应注意的礼仪，而这些礼仪常被忽视。

**1.中途离席的技巧**

席间不要不辞而别，如果有急事需要马上离开，要告知主人，并向同桌人表示歉意，否则最好等到绝大多数人用餐完毕后再离开。中途离席时应注意以下几点：

⑴说明提早离席的原因，不能一声不响就离开或说走就走。

⑵为了不影响他人，可以请同桌其他人待久一点，继续刚才的话题，同时表示歉意，说明自己是真的有要事在身必须先告辞，而不是故意要扫大家的兴。

⑶不要嘴里说要走，却依然坐在原位，那样主人就得顾着招呼你，其他人也不能继续谈话，这样是很尴尬的。

⑷向他人致意时，该说的事交代完即可离开，不要说个不停，这样对方既无法做自己的事，也不便于招呼别人。

⑸离席时应先和同性主人告别，也就是男性要先和男主人告辞，女性则先向女主人告辞，接着再向其他人致意。

**2.餐桌上的一般礼仪**

⑴入座后姿势要端正，脚踏在本人座位下，不可任意伸直。手肘不要靠桌缘，或将其放在邻座椅背上。

⑵用餐时要温文尔雅，从容安静，不能急躁。

⑶在餐桌上不能只顾自己，也要关心别人，尤其要招呼两侧的宾客。

⑷口内有食物时应避免说话。

⑸自用餐具不可伸入公用餐盘夹取菜肴。

⑹要小口进食，食物未咽下时不能再塞食物入口。

⑺取菜舀汤时应使用公筷公匙。

⑻吃进口的东西不能吐出来，如为滚烫的食物，可喝水或果汁将其冲凉。

(9)送食物入口时，两肘应向内靠，不可向两旁张开碰及邻座。

(10)好的吃相是食物就口，不可以口就食物。食物带汁时不能匆忙送入口，否则汤汁滴在桌布上极为不雅。

(11)切忌用手指探入口中掏牙，应使用牙签，并以手或手帕遮掩。

(12)避免在餐桌上咳嗽、打喷嚏等。万一不禁，应侧向一边并说声“对不起”。

(13)喝酒宜各随意，敬酒以礼到为止，切忌劝酒、猜拳、吆喝。

(14)如餐具坠地，可请服务员拾起另换新的。

(15)如不慎将酒、水、汤汁溅到他人衣服上，表示歉意即可，不必恐慌赔罪，反使对方难为情。

(16)如欲取用摆在同桌其他客人面前的调味品，应请邻座客人帮忙传递，不可伸手横越杯盘长驱取物。

(17)如系主人亲自烹调食物，勿忘给予主人赞赏。

(18)如吃到不洁或异味食物，不可吞入，应将入口食物轻巧地用拇指和食指取出放入盘中。

(19)食毕，餐具务必摆放整齐，不可凌乱放置。餐巾亦应折好放在桌上。

(20)席间不宜抽烟，如需抽烟，必须先征得邻座的同意。

(21)在餐厅进餐，不能抢着付账，推拉争付。倘系做客，不能抢着付账；未征得朋友同意，亦不宜代友付账。

(22)宾客进餐的速度宜与男女主人同步，不宜太快，亦不宜太慢。

(23)餐桌上不能谈悲戚之事，否则会破坏欢愉的气氛。

## 如何当好宴会主人

中国有句古语，叫作“一人向隅，举座不欢”。只要主人能以平等的态度对待每一个客人，那么，宴席上的“皆大欢喜”是不难做到的。而如果“热”此“冷”彼，被“冷”者当然不高兴，而被“热”者心中也不会好受，因为实际上那少数的被“热”者有意无意地被推向了被“冷”者的对立面，心里也会“为之不欢”。据说，圆桌的发明，正是为了使入席者既无南面之尊，又无北面之卑，其中本身就隐含着“平等”二字。坐在象征平等的圆桌边进餐，而偏要人为地造出种种不平等的举动来，岂不可笑？

**1.处理好多角关系**

要处理好多角关系，做到不偏不倚、一视同仁，主人应该注意哪些方面呢？

⑴在宾客到达时，主人应热情迎接，主动招呼问好。主人一般在门口迎接客人。设宴方应及时介绍来宾，让宾客各方能互相结识。

⑵设宴方要妥善安排客人的座位，将餐桌的主席留给年高德劭的客人或最为重要的客人。要考虑客人的具体要求，使各位客人都有背景相近的谈话对象。还要考虑合理安排性别不同客人的座位顺序。

⑶设宴主人应当确保不冷落每一位客人，不应依客人的身份不同而厚此薄彼区别对待，应当关照每一位客人，令其感到备受重视和享受主人的友谊。适当地让“次要者”参与到你们的谈话中，不仅可以打消“次要者”的尴尬，同时还可以为你赢得朋友的心。让“次要者”感到他的存在，可以有以下几种形式：常常向“次要者”微笑；不时地向“次要者”询问一些平

常的问题；常常示意“次要者”喝茶或吃点心；让“次要者”参与到你们的谈话之中。

⑷宴席开始时，宴请方应作简短致词，说明宴请的目的，并致各位来宾以良好的祝愿。

⑸设宴方应时刻注意全体客人的安全，特别是在使用煤气的火锅店宴请时，必须严防火灾，并应防范失窃等。

⑹请客方有责任确保驾车赴宴的宾客不饮酒。

⑺当客人进餐完毕之时，应呼唤服务人员结账付款。为增进国家的财政收入，个人的宴请也应索要发票。最好叮嘱餐厅的服务员就用餐的费用向客人保密。

⑻应征求大家的意见，适时以委婉的方式提出结束宴席，并真诚地感谢各位宾客的光临和赏识。

⑼宴会结束时，剩余的菜食应打包带回。

⑽设宴主人应热心过问如何安排宾客返回住处，如亲自叫出租车，并详细叮嘱交通线路等。

**2.接待外宾吃中餐的注意事项**

⑴外宾入座后，应首先询问客人是否会用或者喜欢用筷子，是否需要另配刀叉进餐，总之，要尊重客人的饮食习惯。

⑵席上的餐具千万不要再用餐巾纸或餐巾去擦拭，这是许多中国人用餐前的习惯，但这会使外宾认为餐具不洁，没有经过消毒处理，从而影响其进餐情绪。

⑶每上一道菜，应主动向客人介绍食品制作原料及食用方法，因为中餐菜肴经过加工以后，食品本身的原料已看不见，而外宾对许多中国人喜欢吃的菜肴(动物内脏、海参等)是拒绝食用的。

⑷给客人介绍菜点时，应尽量介绍其特色，而不要笼统地说这是中国

的名菜、名点，外国人对于“著名”的认识与中国人有一定差异。

(5)招待外宾千万不要说“没有什么菜”“招待不周”之类的客套话。这种中国式的谦虚会被他们误认为你对他们重视不够，而应当说“今天的菜肴是我夫人精心为你们准备的，希望你们吃得开心”。

第十三章

# 西餐就餐礼仪与注意事项

西餐是欧美国家的餐饮形式，现已成为世界上流行的餐饮形式。西餐对我们来说已经并不陌生。在商界，西餐已成为招待宴请活动的一种重要方式。与中餐相比，西餐礼仪的烦琐复杂不仅仅是筷子和刀叉的区别。刀叉该如何使用，餐具的摆放和使用又有哪些讲究，餐巾有哪些用途，菜点如何享用等，都有不同的说法和讲究。此外，出于方便，现在国内喜欢喝咖啡的人也日渐增多，因此，了解一些喝咖啡的礼仪要求也是必要的。

# 西餐的摆台与座次安排

**1.西餐的摆台**

吃西餐，不同的宴会形式和规格，摆台的方法也不尽相同。家庭宴会和便宴中，好的台面、合理的布局和整洁美观的餐具，再加上有条不紊的环境布置，使客人感到心情舒畅，同时也会为主人赢得赞誉。常见的西餐餐台形式有：便宴台、冷餐台、宴会台和鸡尾酒会台、茶会台等。一般的餐台设计为：4人以下用小方台和小圆台；6～8人可用两张方桌拼接，两头各坐一人，其余分坐两边；10人可用三张桌子拼接；12人可用四张桌子组成，正规餐座的个人座位宽度不应小于60厘米。当然，家宴也可以用主人备好的圆台，主人会以一般便宴台为主来设计，台面摆设也比较简单。

**2.桌次安排**

餐桌的排列最好采用长方形，若人数较多，则采用T字形。而U字形排列气氛较严肃，适用于商业谈判，而于一般请客吃饭不宜，最好避免。

桌次的高低依距离主桌位置的远近而定。桌次多时应摆上桌次牌。

**3.座次安排**

若你是主人，则餐会开始前半小时就应先到场，预先安排座次。按照正式的西餐礼仪，男女主人分坐长桌两头，女主人右手边的第一个位子为第一男主客的座次，左手边的第一个位子为第二男主客。反之，男主人右手及左手边的第一个位子，也是第一及第二女主客的位子。座次安排好之后，最好能在每人的位子前放置标有姓名的牌子，以免造成混淆。比较讲究的西餐厅都备有此种牌子供顾客使用。

西方餐饮礼仪中，主与客的角色分明，而且特别强调主人的角色。男女要交叉隔开坐。此外，夫妻通常要隔开来坐，以便于各自交谈而使全桌气氛融洽，皆大欢喜。若为商业性或公务性的餐宴，男士因有公事要谈，理应坐在相近的位子；而女士们可趁机聊天，亦应坐在相近的位子。

如果男女二人同去餐厅，男士应请女士坐在自己的右边，还得注意不可让她坐在人来人往的过道边。若只有一个靠墙的位置，应请女士就座，男士坐在她的对面。

如果是两对夫妻就餐，夫人们应坐在靠墙的位置上，先生则坐在各自夫人的对面。

如果两位男士陪同一位女士进餐，女士应坐在两位男士的中间。

如果两位同性进餐，那么靠墙的位置应让给其中的年长者。每个人入座或离座，均应从座椅的左侧进出。

举行正式宴会时，同一桌上席位的高低也是依距离主人座位的远近而定。

非官方接待时，以女主人的席位为准。主宾坐在女主人右侧；主宾夫人坐在男主人右侧。

宴会有两桌以上时，各桌均应有第一主人，其位置应与主桌主人的位置相同，其宾客也依主桌的座位排列方法就座。

一字形长台宴席的座次安排有两种方式：一是将主人的座位安排在餐台横向的上首中间，副主人(女主人)的座位在主人对面，即横向下首中间；另一种方式是将主人和副主人(女主人)的座位安排在长台纵向的两端，这种安排可提供两个谈话中心，避免让客人坐在末端。

# 西餐菜式及其特点

## 1.法国菜

一般来说，西餐在选料上局限性较大，但法国菜选料却十分广泛和奇特，许多山珍、野味、果蔬、海鲜等均可制成菜肴，蜗牛、块状菌类、动物胰脏、脑等不常见的原料在法国菜中出现得却比较多。法国菜比中国菜更多地使用肉、禽、海产品等。但是，由于国土、气候的限制，法国不可能拥有像中国菜那么多的原料。为了克服这一点，法国人创造了多种原料食品加工法，把有限的原料加工成更多的食物半成品。

法国人多喜欢吃略带生口的菜肴，因而原料多选活的、新鲜的，如海鲜大拼盘，碎冰块上放大花蟹、大鲜虾、生蚝(牡蛎)、法凰淡菜(贻贝)、蚬、东风螺等，另配汁酱等同上，保持了海鲜冷吃的特色，此菜极为名贵。法国菜对原料的要求非常精细严格，不合要求的原料绝不使用或降级使用。

法国菜的烹调方法较多，几乎包括了西餐所有的烹调方法，如烤、扒、烩等，每道菜的烹调都很讲究，有时一道菜要经过数道工序才能完成。法国菜对蔬菜的使用也很讲究，每一道菜里都要配上两三种蔬菜。此外，法国菜还十分讲究调味，使用的调料种类很多。一是香料(包括香草)；二是酒，不同的菜肴使用不同的酒，有时一个菜中甚至要用几种酒或多次用酒；三是调味汁，法国菜对调味汁的做法非常重视，各式调味汁多达百种以上。

法国的名菜很多，如鹅肝酱、牡蛎杯、洋葱汤等，著名的地方菜有南特的奶油鳝鱼，鲁昂的带血鸭子，马赛的普鲁旺斯鱼汤等。

**2.意大利菜**

意大利菜肴最为注重原料本质而保持原汁原味，一般汁浓味厚。调味料擅长使用番茄酱、酒类、柠檬、阿里根奴及帕米森奶酪等。意大利菜对火候的掌握很讲究，该熟透的一定要熟透，该煮烂的一定要煮烂。很多菜肴要求烹制成六七成熟，牛排要鲜嫩带血，做米饭和面条、通心粉也都要有硬心。烹调方法以炒、煎、炸、红烩、红焖等著称，烧烤的菜不多。

以米、面做菜，是意大利菜肴最明显的特点。意大利人制作的面条至少有几十种，其烹调方法很多，可煮、烤、炒，佐食肉类菜肴。典型的意大利菜肴有意大利菜汤、罗马式鸡、比萨饼等。

**3.英国菜**

英国菜有“家庭美肴”之称。英国烹饪法根植于家常菜肴，只有原料是家生、家养、家制时，菜肴才能达到满意的效果。英式菜选料比较简单。英国虽是岛国，但渔场不太好，所以英国人不讲究吃海鲜，比较偏爱牛肉、羊肉、禽类等。

简单而有效地使用优质原料，并尽可能保持其原有的质地和滋味是英国菜的重要特色。英国菜一般用单一的原料制作，要求不加配料，以保持原料的原有滋味。

英国菜烹调相对来说比较简单，配菜也较简单，香草与酒的使用较少，常用的烹调方法有煮、烩、烤、煎、蒸等。常见的英式菜有土豆烩羊肉、牛尾汤、烤羊马鞍、烧鹅等。

**4.美国菜**

美国菜用水果做原料相当普遍。美国盛产水果，美式菜的沙拉中用水果很多，如香蕉、苹果、梨、橘子等。另外，在热菜中也常使用水果，如苹果烤火鸡、炸香蕉等。

美国菜口味趋向清淡、生鲜。派生于英式菜的美国菜发展至今，传统的咸鲜甜口味已趋向清淡、生鲜。素食和生食比较盛行。烹调方法以煮、蒸、烤为主。典型的美国菜有苹果黄瓜沙拉、华道夫沙拉、美式螃蟹杯、美式煮鱼、姜汁橘酱鱼片、美式花旗大虾等。

**5.俄罗斯菜**

俄罗斯气候寒冷，人们需要较多的热能，所以传统的俄式菜一般油性较大，口味也较浓重，而且酸、甜、咸、辣各味俱全，烹调方法以烤、焖、煎、炸、烩、熏见长。

俄罗斯人讲究小吃，擅做菜汤。俄式小吃是指各种冷菜，其特点是生鲜，味酸咸，如鱼子酱、酸黄瓜、冷酸鱼等。俄式小吃品种之多，花样之全，风味之独特，是其他国家无可比拟的。俄罗斯人还喜欢做菜汤，他们每日膳食中必有用肉、鲜白菜、酸白菜及其他蔬菜和调料制作的菜汤，常见菜汤有六十多种，鱼汤的款式也很多。莫斯科的红菜汤颇具盛名。典型的俄罗斯菜有鱼子酱、莫斯科红菜汤、莫斯科式烤鱼、黄油鸡卷、红烩牛肉等。

## 西餐具的使用方法

西餐中常见的餐具可以狭义地理解为刀、叉和匙三大件。刀分为食用刀、鱼刀、肉刀、黄油刀、水果刀，均有其专门的应用；叉分为食用叉、鱼叉、肉叉、龙虾叉；匙则有汤匙、甜食匙、茶匙。公用的刀、叉、匙规格明显大于宾客用餐的刀、叉、匙。正规的宴会上，每一道菜均配有一套相应的餐具，并按菜单中设计的上菜顺序由外向内排列。

**1.刀与叉的拿法**

正式的用法为两只一组地使用。右手拿刀，左手拿叉。叉子的拿法为将食指伸直按住叉子的背部。刀除了与叉子同样拿法外，还可以用拇指与食指紧紧夹住刀柄与刀刃的接合处。如果以全部手指握住的话，会破坏整体平衡，利用拇指与食指握住才是拿刀叉的要诀。

**2.刀与叉的使用方法**

菜肴上桌后的基本动作是右手拿刀切开食物，然后左手拿叉将其叉起。以叉子压住食物的左端固定，顺着叉子的侧边以刀切下约一口大小的菜肴后，即可直接叉起送入口中。

没有办法顺利地将食物切开的人，首先要从姿势开始改正。两侧手肘过高会使刀叉角度过大而呈直立状态；相反，如果手肘过低将使刀叉呈倒下状态，所以没有办法顺利地将食物切开。将肩膀与手腕放松，两臂不要张开，刀与餐盘的角度保持在15° 左右。这样一来，不但能轻易地将食物切开，而且姿势看起来也相当优雅。

刀的移动方式也有要领。首先用力于左手的叉子，再轻轻地移动刀子。将刀子拉回时不可用力，而是在往前压下时用力，这样才能利落地将食物切开。

叉子可依菜肴的特性自由变换拿法以方便用餐。当叉起食物食用时，叉子的背面必须向上，不过，如果是舀起食用时，叉子则应面向上。与筷子不同的是，叉子可依菜肴特性上下转动以利于使用。

对于左撇子，已设置好的餐具不可随意改变位置，不过在吃的时候可将刀叉互相更换使用。只是在用餐完毕后，餐具必须依右撇子的人的用法放置，将刀叉的柄向右放置于餐盘上，这么做的原因主要是为了不造成服务人员的困扰。

**3.暂停食用菜点时刀叉的摆放规矩**

当你还没吃完时，不要把刀叉一起放到盘中，那样服务员会来帮你收起来的，即使还有许多好吃的你都没有吃，你也不能说“我还没吃完”，而且会很丢面子。

在西餐中，刀叉的放置方式不同可传达用餐中或者是用餐完毕的信息。由于服务生会依照这个信息来判断是否要收拾盘子。

如果你想休息一下或和朋友聊会儿天，或要喝口酒、喝口水时，应将刀叉呈八字形搭靠在自己的盘上。服务员看到这样的摆法，就知道你还没吃好，你是在示意自己还要吃菜点。

暂停食用菜点时，英国人、法国人的示意方法不尽相同：

英式：叉在左边，面朝下，刀在右边。刀叉无须交叉，只要将刀叉在一盘子中间摆成“八”字形，且注意不使其滑落即可。

法式：叉在左边，面朝下，刀在右边。将刀叉交叉斜放。

**4.用餐完毕时刀叉的摆放规矩**

当吃完一道菜或虽未吃完但不想再吃时，习惯上刀叉的排放规矩是：把刀和叉并排放在一起，刀柄和叉柄均朝向自己的胸部。

法式是将刀叉齐置，柄的部分稍稍往右侧挪放即可；英式是将刀叉齐置，柄的部分放置于六点钟方向。由于刀刃的部分相当危险，请将刃的部分向内。欧洲人的叉子是面向下的，但美国人不在意叉子朝上或朝下。

## 吃西餐的讲究

**1.切肉的方法**

(1)用餐时，以叉子从左侧将肉叉住，再用刀沿着叉子的右侧将肉切开，如切下的肉无法一口吃下，可直接用刀子再切小一些，切开刚好一口大小的肉，然后直接以叉子送入口中。千万不要从右侧开始切。如果太用力切，在切开时会因与盘子碰撞而发出很大的声音。

(2)为了轻松地将肉切开，首先要放松肩膀，并确实用叉子把肉叉住，再以刀轻轻地、慢慢地前后移动。用力点要放在将刀伸出去的时候，而不是将刀拉回时。

(3)点排餐时，会附带一杯调味酱。先将调味酱钵拿到盘子旁边，以汤勺取酱料时要注意不要滴到桌巾上。调味酱不可以直接淋在牛排上，应取适当的量放在盘子的内侧，再将肉切成一口大小蘸酱料吃。调味酱的量约以两汤匙为最适量。取完调味酱后，将汤勺放在调味酱钵的侧边，并传给下一个人。

(4)不可一开始就将肉全部切成一块一块的，否则好吃的肉汁就会全部流出来了。如果用叉子叉住肉的左侧却从肉的右侧开始切，会很难将肉切开。因左手拿叉子，所以从左侧开始切才能顺利切开。

**2.喝酒的姿势与方法**

酒类服务通常是由服务员负责将少量酒倒入杯中，让客人鉴别一下品质是否有误，此时你只需把它当成一种形式，喝一小口并回答“Good”。接着，服务员会来倒酒，这时，你不要动手去拿酒杯，而应把酒杯放在桌上由服务员去倒。正确的握杯姿势是用手指握住杯脚。为避免手的温度使酒温增高，应用大拇指、中指和食指握住杯脚，小指放在杯子的底台固定。喝酒时绝对不能吸着喝，而应倾斜酒杯，像是将酒放在舌头上似的去喝。喝前轻轻摇动酒杯让酒与空气接触以增加酒味的醇香，但不要猛烈摇晃杯子。此外，一饮而尽、边喝边透过酒杯看人、拿着酒杯边说话边喝酒、吃东西时喝酒、口红印在酒杯沿上等，都是失礼的行为。如果杯沿上有口红印，不要用手指去擦，而要用面巾纸去擦。

**3.喝汤也有讲究**

喝汤也不能吸着喝。先用汤匙由后往前将汤舀起，汤匙的底部放在下唇的位置将汤送入口中。汤匙与嘴部呈45° 角，同时上身略微前倾。汤汁剩下不多，使得舀汤变得不好舀时，可稍微将碟子向外侧倾斜以方便舀汤。

⑴食用装在双把汤杯中的汤时，可以握着手把直接把汤杯凑到口边饮用，汤中的食物则要用汤匙来舀食。喝汤时可将小汤匙放在离自己较近的地方，而不要放在汤杯里。

⑵汤盛在没有把手的汤盘里时，需使用大汤匙从盘中舀汤。当你用汤匙舀汤汁时，请记得别舀得太满而溅出来，大约控制在汤匙的七分满即可。另外，英国式的方法是由内向外舀；而法国人习惯上由外向内舀。这两种方式都不会违反礼仪。

⑶喝汤时别发出声响。很多人喝汤时常有的毛病就是“呼呼”地先吹凉，跟着又“稀里呼噜”地下肚。在西餐宴席上这是非常失礼的。

## 各种西餐食物的吃法

### 1.如何吃肉餐

⑴吃无骨肉类时，有两种方法：一是边割边吃(欧洲的古老习惯)，一是先把肉块，如牛排等切好，然后把刀子放在食盘的右侧，单用叉子进食(美式吃法)。一般以前者为比较正式。熏肉的吃法很简单，吃带肥肉的熏肉要使用刀和叉，如果熏肉很脆，则先用叉子将肉叉碎，再用手拿着吃。吃肉排时，可用叉子或尖刀插入肉排切开来吃。如果排骨上有纸袖，可用手抓住来切骨头上的肉，这样就不会使手沾上油腻。在正式场合或者在饭店就餐时，即使包有纸袖也不能用手拿着骨头啃着吃。这些多余的东西基本上是用来作装饰的，而没有让你暴吃一顿的意思。另外，在非正式场合，只有骨头上没

有汤时才可以拿起来啃着吃。

(2)吃有骨头的肉时可用手拿着吃，但还是使用刀叉较为优雅。用叉子的背部将整片肉固定，再用刀沿着骨头把肉切开，一次切取一小块，边切边吃，而不要全部切完再来吃。千万不要用叉子将整块肉夹至嘴边，一边咬一边咀嚼。吃鸟类食物时，先把翅膀和腿切下，然后借助刀和叉来吃其身体部分。翅膀和腿可以用手拿着吃，但身体部分不能拿着吃。吃鸡肉时，先吃鸡的一半。把鸡腿和鸡翅用刀叉从联结处分开，然后用叉稳住鸡腿(鸡脯或鸡翅)，用刀把肉切成适当大小的片叉食。每次只切两三片。如果场合很正式，不能使刀叉取用，就干脆别动。如果是在非正式场合，你可以用手拿取小块骨头，但只能使用一只手。

### 2.甜点的吃法

面包：先用两手撕成小块，再用左手拿来吃。吃硬面包时，用手撕不但费力而且面包屑会掉满地，此时可用刀先切成两半，再用手撕成块来吃。避免像用锯子似的割开面包，应先把刀刺入面包中央，将近自己身体的部分切下，再将面包转过来切断另一半。切时可用叉将面包固定，避免发出声响。

馅饼：吃水果馅饼通常要使用叉子。但如果主人为你提供了一把叉子和一把甜点勺的话，那么可用叉子固定馅饼，用勺挖着吃。吃馅饼是要用叉子的，除非馅饼是带冰淇淋的，这种情况下，叉、勺都要使用。如果吃的是奶油馅饼，最好用叉而不要用手，以防止馅料从另一头漏出。

果汁冰糕：如果作为肉食的配餐食用可以用叉子，如果是作为甜点，可使用勺子。

### 3.如何吃蔬菜

土豆：土豆片和土豆条是用手拿着吃的，但如果土豆条里有汁，就要使用叉子。如果土豆条太大，不好取用，就用叉子叉开，不要挂在叉上咬着吃。把番茄酱放在盘子边上，用手拿或用叉子叉着小块蘸汁吃。烤土豆在食用时往往已被切开。如果没有切开，可用刀从上部切入，用手或叉子将土豆掰开一点，加入奶油或酸奶，奶油和小青葱，盐和胡椒粉，每次加一点。烤土豆可以带皮食用。

西红柿：除做沙拉吃以外，西红柿也可以用手拿着吃。挑个小点的，正好放入嘴中，不要张嘴咀嚼，因为这样汁液会溅出来。如果盘中只有一个大的西红柿，用手轻轻将皮剥掉，先切下一半，慢慢吃完再吃另一半。

芦笋：如果要吃的芦笋菜中有汤汁，可先切成小块，再用刀叉取食。如果芦笋很大而且需要蘸汁，应先把头切下，然后分开来吃，以防滴汁和掉渣。也可以用手拿着茎柄蘸汁吃。对于小的芦笋，完全可以用手拿着蘸汁食用。

玉米棒：鲜玉米棒大多是在非正式场合吃的，可以先把它掰成两半，以方便于拿。值得注意的是，在上面一次不要抹撒太多的黄油或调料。横着吃还是转圈吃，自己选取，两种方法都行。先集中数排或一部分抹黄油、撒盐，吃完后再换地方，这样你的手和面部就不会过多沾染调料。

**4.如何吃水果**

苹果：在西餐宴席上，要用手拿取苹果或梨放在盘里。你可以用刀削去果皮。如果说这样做很难的话，就将水果放在盘上，先切成两半，再去核切块，然后用叉子或水果刀食用。如果场合更加随便的话，你也可以用手拿着吃。

煮梨：使用勺和叉。用叉竖直把梨固定，然后用勺把梨挖成方便食用的小块。叉子还可用来旋转煮梨，以挖食梨肉。如果只有一把勺子，就用手旋转盘子，把梨核留在盘里，用勺把糖汁舀出。

无花果：鲜无花果作为开胃品与五香火腿一起吃时，要用刀叉连皮一起吃下。若上面有硬杆，可用刀切下(否则会嚼不动)。作为饭后甜食吃时，要先把无花果切成四半，在橘汁或奶油中浸泡后用刀叉食用。

柚子(或橙子、橘子)：吃柚子时，要先把它切成两半，然后用茶匙或尖柚子匙挖出果肉食用。在非正式场合，可以把柚子汁小心地挤到茶匙中。

芒果、木瓜：整个芒果，要先用锋利的水果刀纵向切成两半，然后再切成四分之一半。用叉子将每一块放入盘中，皮面朝上，并剥掉芒果皮。你也可以像吃鳄梨那样用勺挖着吃，如把芒果切成两半，挖核食肉，保留皮壳。吃木瓜像吃鳄梨和小西瓜一样，先将其切成两半，抠出籽，然后用勺挖着吃一半，再切成四分之一半，用刀去核。木瓜皮可以剥下来，但如果带着皮切成小块，用甜食刀叉食用，也是不错的。

炖制水果：吃炖制水果要使用勺子，不过你可以用叉子来稳住大块水果。吃时应把樱桃、梅干、李脯的核体面地吐到勺里，放在盘边。

## 餐酒与食物的最佳匹配

几百年来，饮酒时选择适当的食品似乎已经形成了一条条的规律。但是，随着现代社会中新食品和新型酒类的不断涌现，这些规矩越来越显得陈旧不适用了。美酒与佳肴匹配，其实不应说何者是“主”，以酒佐餐，一方面是想增加享受，另一方面也是“辅以美食”来饮好酒，如此你对品酒的乐趣也会大有增益。碰到一顿饭开许多瓶酒来配不同的菜的情况，有什么要遵守的规则呢?

**1.酒和食物的固定搭配**

饮酒时搭配食物重要的是根据口味而定。食物和酒类可以分为四种口味，这也就界定了酒和食物搭配的范围，即：酸、甜、苦和咸味。

酸味：你可能听说过酒不能和沙拉搭配，原因是沙拉中的酸极大地破坏了酒的醇香。但是，如果沙拉和酸性酒同用，酒里所含的酸就会被沙拉的乳酸分解掉，这当然是一种绝好的搭配。所以，可以选择酸性酒和酸性食物一起食用。酸性酒与含咸食品共用，味道也很好。

甜味：用餐时，同样可以依个人口味选择甜点。一般说来，甜食会使甜酒口味减淡。如果你选用加利福尼亚查顿尼酒和一小片烤箭鱼一起食用，酒会显得很甜。但是，如果在鱼上放入沙拉，酒里的果味就会减色不少。所以吃甜点时，其中过高的糖分会将酒味覆盖，使之失去原味，因此应该选择略甜一点的酒。

苦味：苦味酒和带苦味的食物一起食用苦味会减少。所以如果想减淡或除去苦味，可以将苦酒和带苦味的食物搭配食用。

咸味：一般没有咸味酒，但有许多酒类能降低含盐食品的咸味。世界上许多国家和地区食用海产品如鱼类时，都会配用柠檬汁或酒，主要原因是酸能减低鱼类的咸度，食用时，其味道更加鲜美可口。

**2.不同的酒配不同的菜**

⑴吃头道菜时配鸡尾酒；喝汤时饮雪梨酒；吃鱼时饮无甜味的白葡萄酒；吃肉类菜食时配红酒；吃奶酪时饮红葡萄酒；吃布丁时用甜味白葡萄酒或香槟酒；吃水果或甜食时配葡萄酒；喝过咖啡后配利口酒。

⑵先开白酒后开红酒，这也与吃西餐“先鱼后肉”的规矩配合。如果开两瓶或更多瓶的白酒，应先饮较“干”的，再顺次饮“甜”的。如果开两瓶或更多瓶的红酒，应先饮新酒后饮陈酒，愈陈的酒愈迟饮。

⑶一般而言，红酒宜佐红肉，白酒宜佐鱼或白肉(例如鸡肉)。即使单是“红酒佐红肉”也有讲究。如果你用两瓶不同的红酒佐两道不同的红肉菜式，便应以酒身比较醇和的红酒佐食味比较淡的肉。比方说，吃“焖”和“炖”的肉，宜选布根地红酒或比较柔顺的波都酒。吃野味和调浓味稠汁的肉，宜选酒身够而浓郁的红酒。

### 3.例外的情况

以上都是所谓的“规矩”。只是规矩虽多，例外也一样多。有时这些例外使你觉得“尽信规矩不如没有规矩”。例外的形成，许多时候是因为烹饪的方法不同。打个比方说，吃白汁焖鸡，也许可以佐以白酒，但法国名菜则宜佐以红酒，最好是饮用来焖鸡的同一种红酒。原因很简单，这个菜的红酒浓汁可使鸡味变得浓郁如红肉。

关键是一道菜的汁酱是什么。现在高级烹饪有许多创新之处，即使是烹制海鲜，也有使用肉汁或红酒汁的。汁酱是决定“怎样配酒”的很重要的一个因素，这个因素的重要性不逊于“红肉白肉”的考虑。家禽类可用不同的汁酱去炮制，从汁酱去考虑配酒，有时红酒白酒皆宜。

不过，有些汁酱是酒的天敌。比如极辣的菜汁会令你的味觉麻醉，饮上佳的好酒也尝不出真正的酒味。又如用番茄做汁酱，番茄的酸性也会浪费好酒。碰到这类浓烈的汁酱，我们配酒只宜选一般的。从另一个角度看，要饮好酒，便不宜“配”这类食物。

## 品饮咖啡讲究多

一般来说，趁热品尝主人为你端上来的咖啡，是喝咖啡的基本礼节。但应注意，一杯咖啡端到面前，先不要急于喝，应该像品茶或品酒那样，有个循序渐进的过程，以达到放松、提神和享受的目的。一个品尝咖啡的行家里手，一定会在咖啡端上来的那一刻，首先体会一下那扑鼻而来的浓香，对着咖啡杯深深地吸一口气，然后吹开咖啡油轻啜一小口，这便是咖啡的原味，之后再随个人喜好加入糖、奶。因此，了解一些喝咖啡的礼仪要求，是完全必要的。

**1.咖啡杯碟的正确使用**

(1)盛放咖啡的杯碟一般都是特制的，这种杯子的杯耳较小，底下垫咖啡碟，并附一个小咖啡匙。咖啡杯应放在自己的面前或右侧，杯耳指向右方。

(2)咖啡杯的正确拿法，应是拇指和食指捏住杯耳将杯子端起。喝咖啡时，用右手拿着咖啡杯耳，左手轻轻托着咖啡碟，慢慢地移向嘴边轻啜，不可发出响声。不要满把握杯、大口吞咽，或俯首去吸咖啡。

(3)若遇到一些不方便的情况，例如，坐在远离桌子的沙发上，不便双手端着咖啡饮用，此时可用左手将咖啡碟置于齐胸位置，用右手端着咖啡杯饮用。饮毕，应立即将咖啡杯置于咖啡碟中，不可将二者分别放置。添加咖啡时，不要把咖啡杯从咖啡碟中拿起来。

**2.咖啡匙的使用方法**

(1)咖啡匙是专门用来搅拌咖啡的，标准的搅拌手法是将咖啡匙立于咖啡杯中央，先顺时针由内向外画圈，到杯壁再由外向内逆时针画圈至中央，然后重复同样的手法。这种方法可令咖啡浓淡均匀。

(2)搅过咖啡的匙上都会沾有咖啡，应轻轻顺着杯子的内缘将汁液擦掉，绝不能拿起匙甩动，或用舌头舔咖啡匙。

(3)用过的咖啡匙最好放在托盘的内侧，以免端起咖啡杯时碰落。不要用咖啡匙舀着咖啡一匙一匙地喝，也不要用咖啡匙来捣碎杯中的方糖。

**3.加砂糖的方法**

(1)加砂糖时，可用咖啡匙舀取，直接加入杯内，同时，为避免咖啡溅出，添加时位置应尽量低。

(2)加方糖时，可先用糖夹子把方糖夹在咖啡碟的近身一侧，再用咖啡匙把方糖加在杯子里。如果用糖夹子或手把方糖放入杯中，可能会使咖啡溅出，弄脏衣服或台布，是极不礼貌的行为。

**4.饮咖啡的注意事项**

(1)饮咖啡时，可以用右手拿着咖啡杯的杯耳，左手轻轻托着咖啡碟，慢慢地移向嘴边轻啜，切记不要发出声响来。

(2)添加咖啡时，不要把咖啡杯从咖啡碟中拿起来。

(3)有时饮咖啡可以吃一些点心，但不要一手端着咖啡杯，一手拿着点心，吃一口喝一口地交替进行。饮咖啡时应当放下点心，吃点心时则放下咖啡杯。

(4)刚刚煮好的咖啡太热，可以用咖啡匙在杯中轻轻搅拌使之冷却，或者等待其自然冷却，然后再饮用。试图用嘴去把咖啡吹凉，是很不文雅的动作。

## 西方宴会的基本礼仪

吃西餐主要是在吃情调：大理石的壁炉、熠熠闪光的水晶灯、银色的烛台、缤纷的美酒，人们优雅迷人的举止，这本身就是一幅动人的油画。无论您是出国旅游还是出差，如果有人邀请您参加正式宴会，为了使您在初尝西餐时举止更加娴熟，那么您需要了解一些西方社交场所的基本礼仪。

**1.准时出席**

出席宴请活动，抵达时间迟早、逗留时间长短，在一定程度上反映对主人是否尊重，对此应根据活动的性质和当地的习惯掌握。一般来说，迟到、早退、逗留时间过短会被视为失礼或有意冷落他人。身份高者可略晚到达，一般客人宜略早到达。出席宴会，根据各地习惯，正点或晚一两分钟抵达。

**2.到达之后**

抵达宴会场所时，应该只按一次门铃。如果去的是富裕而讲究的人家，你进大门时遇到的第一个人可能是个男当差，是负责帮你挂衣服或者是给你带路的，所以你先别急着跟他握手，观察一下再决定。受到主人的迎接后，应向男主人或者女主人赠送礼物，并以言语或者行动对你被邀请表示感谢。

进了客厅，你不要着急找位子坐下。西方人在这种场合一般都要各处周旋，等待主人为自己介绍其他客人。你可以从侍者送来的酒和其他饮料里面选一杯合适的边喝边和其他人聊天。等到饭厅的门打开了，男主人和女主宾会带着大家走进饭厅，女主人和男主宾应该走在最后，但如果男主宾是某位大人物，女主人和他也许会走在最前面。

**3.入座有序**

进入宴会厅之前，先了解自己的桌次和座位，入座时注意桌上的座位卡是否写着自己的名字，不要随意乱坐。如邻座是年长者或女士，应主动协助他们先坐下。

客人走近自己的位子一屁股坐下来，是相当不礼貌的动作。正确的入座方式是先将一只脚跨入桌椅间的空隙，另一只脚随后跟上，然后上半身保持挺直，以下半身弯曲垂直坐下。最合乎国际标准的坐姿是，上身保持挺直，身体距离桌面两个拳头的宽度。坐着时，两只手肘搁在桌上，或两只手肘撑在椅背上，都是相当不雅的动作。

吃西餐的时间相当长，上半身挺直坐久了会吃不消，而希望能靠靠椅背。此时，如果用臀部往后靠，姿态会相当难看。正确的做法是用两手挟住椅子的把手，将臀部略抬离椅面水平向后移动再坐下来。靠椅背坐的时候，上半身仍须维持挺直，不宜倾斜。

**4.用餐有礼**

(1)使用刀叉进餐时，要左手持叉，右手持刀；切东西时左手拿叉按住食物，右手执刀将其切成小块，然后用叉子送入口中。使用刀时，刀刃不可向外。进餐中放下刀叉时，应摆成“八”字形，分别放在餐盘边上。刀刃朝向自身，表示还要继续吃。每吃完一道菜，将刀叉并拢放在盘中。如果是谈话，可以拿着刀叉，无须放下。要记住，不论任何时候，都不可将刀叉的一端放在盘上，另一端放在桌上。

⑵每次送入口中的食物不宜过多，在咀嚼时不要说话，更不可主动与人谈话。喝汤时不要啜，吃东西时要闭嘴咀嚼。如汤菜过热，可待稍凉后再吃，不要用嘴去吹。吃完汤菜时，将汤匙留在汤盘中，匙把指向自己。

⑶吃鱼、肉等带刺或骨的菜肴时，不要直接外吐，可用餐巾捂嘴轻轻吐在叉上放入盘内。如盘内剩余少量菜肴，不要用叉子刮盘底，更不要用手指相助食用，应以小块面包或叉子相助食用。吃面条时要用叉子将面条卷起，然后送入口中。

⑷不可在餐桌边化妆，用餐巾擦鼻涕。用餐时打嗝是最大的禁忌，万一发生此种情况，应立即向周围的人道歉。取食时不要站立起来，坐着拿不到的食物应请别人传递。

⑸就餐时不可狼吞虎咽。对自己不愿吃的食物也应要一点放在盘中，以示礼貌。饮酒干杯时，即使不喝，也应该将杯口在唇上碰一碰，以示敬意。当别人为你斟酒时，如不要，可简单地说一声“不，谢谢”，或以手稍盖酒杯，表示谢绝。

**5.明智告别**

主宾退席后再陆续告辞。确实有事需提前退席，应向主人说明后悄悄离去。也可事前打招呼，届时离席。如果你不想太引人注目，最好不要第一个告辞，也不要最后一个离开，在这其间你什么时候告辞都可以，只是一旦告辞就应该爽快地离开。

## 第十四章

# 餐桌上的各种禁忌

出席各种宴会，一些经常犯的看似微不足道的细小错误，也有可能成为你商务交际中的“败笔”。这些看似小小的缺点会使人对你的智慧和能力产生怀疑，因此，任何人想要培养个人魅力，都应该远离这些“错误”。本章所讲的一些宴席上的“禁忌”，也许正是你经常有的举动，它们很可能会引来难以挽回的大麻烦，所以需要特别注意。

# 使用筷子的十二个禁忌

中餐最主要的餐具就是筷子。筷子必须成双使用。用餐前筷子一定要整齐码放在饭碗的右侧，用餐后则一定要整齐地竖向码放在饭碗的正中。以下十二种使用筷子的方法要绝对禁忌。

(1) 三长两短。意思是说，在用餐前或用餐过程中，将筷子长短不齐地放在桌子上。通常我们管它叫“三长两短”，其意思是“死亡”。因为过去中国人死后是要装进棺材的，在人装进去以后，还没有盖棺材盖的时候，棺材的组成部分是前后两块短木板，两旁加底部共三块长木板，五块木板合在一起做成的棺材正好是三长两短，所以说这是极为不吉利的事情。

(2) 仙人指路。是指用大拇指和中指、无名指、小指捏住筷子，而食指伸出的拿筷子的方法。这在北京人眼里叫“骂大街”(北京人一般伸出食指去指对方时，大都带有指责的意思)。所以说，吃饭用筷子时用手指人，无异于指责别人，这是不允许的。还有一种情况也是不能被人接受的，那就是吃饭同别人交谈时用筷子指人。

(3) 品箸留声。把筷子的一端含在嘴里，用嘴来回去嘬，并不时地发出咝咝声。这是一种无礼的行为，再配以声音，更是令人生厌。这种做法会被认为是缺少教养，同样不能够允许。

(4) 击盏敲盅。即用餐时用筷子敲击盘碗。这种做法被他人所不齿。

(5) 执箸巡城。即手里拿着筷子，旁若无人地在餐桌上寻找，不知从哪里下筷为好。此种行为极其令人反感。

(6) 迷箸刨坟。这是指手里拿着筷子在菜盘里不住地扒拉，以寻找“猎物”，就像盗墓刨坟一般。这种做法同“迷箸巡城”相近，都是缺乏教养的做法。

(7)泪箸遗珠。指用筷子往自己盘子里夹菜时，将菜汤洒落到其他菜里或桌子上。这种做法被视为严重失礼，同样是不可取的。

(8)颠倒乾坤。指用餐时将筷子颠倒使用，这种做法正所谓饥不择食，是绝对不可以的。

(9)定海神针。用餐时用一支筷子去插盘子里的菜品，被认为是对同桌用餐者的一种羞辱。

(10)当众上香。出于好心帮别人盛饭时，为了方便省事，把一副筷子插在饭中递给对方。北方习俗是为死人上香时才这样做，所以，把筷子插在碗里是不能被接受的。

(11)交叉十字。这一点往往不被人们所注意。在用餐时将筷子随便地交叉放在桌上，这是不对的。因为在饭桌上打叉子，是对同桌其他人的全部否定，就如同学生写错作业，被老师在本上打叉的性质一样，不能被他人所接受。除此以外，这种做法也是对自己的不尊敬，因为过去吃官司画供时才打叉子，这无疑是在否定自己，也是不行的。

(12)落地惊神。所谓“落地惊神”，意思是指失手将筷子掉落在地上，这是严重失礼的一种表现。

## 餐桌上不宜的话题

在商务宴会的交谈中，谈话的方式方法和礼仪值得认真推敲。如什么话当讲，什么话不当讲，话应该怎样讲，不应该怎样讲，等等。

**1.避免不恰当的话题**

不恰当的话题会招来不必要的麻烦，以下话题是在宴会上不宜涉及的：

(1)薪水问题。有的人打探别人时喜欢先亮出自己，比如先说“我这月工资多少奖金多少，你呢？”此时，应对的方法是：首先，你不要做这样的人；其次，如果你碰上这样的人，最好尽早打断他，如果他语速很快，没等你拦住就把话都说出来了也不要紧，用外交辞令冷处理：“对不起，我不想谈这个问题。”

(2)私人生活。无论你是失恋还是热恋，都别把情绪带到宴会活动中来，更别把故事带进来。不要说起来只图痛快，不看对象，事后往往懊悔不迭。商场上风云变幻、错综复杂，把自己的私域圈起来当成商务话题的禁区，轻易不让公域场上的人涉足，其实是非常明智的一招。“己所不欲，勿施于人。”如果你不先开口打听别人的私事，自己的秘密也不易被别人打听到。

(3)家庭财产。不是你不坦率，坦率是要分人和事的，什么该说什么不该说，必须心里有谱。就算你刚刚买了别墅，也没必要拿到宴会上来炫耀。无论是露富还是哭穷，在宴会上都显得做作，与其讨人嫌，不如知趣一点，不该说的话不说。

**2.避免不恰当的玩笑**

在宴会交谈中开个得体的玩笑，可以松弛神经，活跃气氛，创造轻松、愉快氛围。但玩笑开得不好，则会适得其反，使彼此陷入尴尬的境地。所以，开玩笑要把握好分寸。

开玩笑的对象要有区别。同样一个玩笑，能对甲开，不一定能对乙开。人的身份、个性、心情不同，对玩笑的承受能力也不同。一般来说，后辈不宜同前辈开玩笑；下级不宜同上级开玩笑；男性不宜同女性开玩笑。在同辈人之间开玩笑，则要掌握对方的个性特征与情绪信息。

### 3.避免表达上的不良习惯

在表达时，如果唠唠叨叨，故弄玄虚，不管内容多好，也会让表达效果大打折扣。因此，要注意克服影响表达效果的不良习惯。

⑴避免烦琐。说话一般是越简洁越好，有些人在叙述一件事情时说了很多话，但还是无法把他的意见表达出来，听者花了很多时间和精力，仍然不知道他想说什么。矫正的最好办法，是在说话之前先在脑子里做一个初步的计划，然后再把计划要说的东西讲出来。

⑵同样的言辞避免用得太频繁。一般来说，听者总希望说者的语言丰富多彩。我们虽然不必像某些名人所说的那样，每说一事都要创造一个新词汇，但也应该在许可的范围内尽量使表达多样化，不要把一个名词用得太频繁。即使是一个非常新奇的词，如果你在几分钟之内就把它叙述了几次甚至十几次，那么人们对它的新奇感也会丧失，并对你的话产生一种厌倦感。

⑶避免口头禅。有些人在交谈中非常爱说口头禅。诸如“岂有此理”“我以为”“俨然”“绝对的”“没问题”一类的话几乎是脱口而出，不管这些话是否与所说的内容有关联。这类口头禅说多了，不仅影响说话的效果，而且还很容易被别人当作笑柄。

⑷避免使用粗俗的词。常言道：“言语是个人学问品格的衣冠。”一个相貌堂堂、看上去高贵文雅的人，如果一开口说出粗俗不堪的话，那么别人对他的敬慕之心就会马上烟消云散。在交谈中，我们一定要下决心改掉这种坏习惯。试想，在一个陌生人面前，你说了粗俗的话，他会怎么想呢？他不一定会认为这是一个习惯问题，而会认为你是一个修养不足、不可交往的人。

⑸避免滥用术语。粗俗的词不可用，太深奥的词如专用术语也不可多用。如果不是同一个学者讨论学术问题或不得不用，过多地使用专业术语，

即使你使用得很恰当，也会给别人以故弄玄虚的感觉。满口诸如“形而上学”“一元论”“二元论”“沙文主义”等语，听不懂的人会认为你在炫耀才学，而听得懂的人则认为你非常浅薄。

## 宴请时抽烟的礼仪

### 1.抽烟的时间

“可以抽烟吗？”提出这样的请求被拒绝是正常的，但周围的人即使讨厌，却也不好意思说“不行”，结果让不抽烟的人忍受烟味，这是很不公平的。

抽烟最好在用餐后。有些人一入座就开始抽烟，这是违反用餐礼仪的。正式座席上虽然放有烟灰缸，但大都是放在手无法拿到的地方，这意味着“抽烟请等到用餐后”。在餐厅也是一样的，可以抽烟的时候应是在用完甜点，饮用咖啡的时候。

男士应出于客气和礼貌给女客敬烟，女客如不想抽可以拒绝。如女士自己有烟的话，男士不必强行向女士敬烟，但可以为女士点火，这样做也是很体面和有修养的。懂得交际礼仪的女士一般应接受男士的殷勤，不必刻意拒绝。

如有孩子在场，考虑到他们的健康发育，吸烟时最好避开孩子。如低龄儿童在场的话，成人应主动不吸烟或少抽烟。

在家请客，如主人不希望在室内抽烟，可以同客人讲明，那么客人应该接受主人家的规矩，自己主动到室外——花园或阳台去吸烟。在外用餐时，要注意餐厅的告示或标志牌。在西方国家，越来越多的餐厅划分了吸烟和非吸烟区，吸烟者应自觉遵守，主动到吸烟区就座。

如果实在忍不住很想在用餐时抽烟，可以向服务生说明，请他为你在吸烟区找个位置。因为烟味不但有损料理的香味，而且也会让其他人感到不愉快。所以即使你已经在饮用咖啡，但别桌的人也许还在用餐，所以最好还是不要抽烟。

**2.递烟和点火**

递烟的时候，应将烟盒盖轻轻打开，将烟盒的上部朝着客人，用手指轻轻弹出或抖出一两支香烟让客人自取，不要自己用手指取烟递给客人。

如果为客人点火，则最好是打着一次火只为一个客人点烟，最多也只能为两人点火；如果用火柴点火，划燃一根火柴也不能为两个以上的人点火；点过以后，应先吹灭以后再丢进烟灰缸中。

如果为多位客人点烟，点烟的顺序应是：身份高的、年长的、女士在先。注意：为客人点烟时，刚打着的打火机，你不知道它的火头大小，也不知几次能打着，不可直接送到客人脸前打开；划着的火柴头有浓烈的硫黄味，要等火焰燃烧正常后再送到客人面前。

**3.吸烟方法**

若想吸烟应礼貌地打声招呼："我可以吸烟吗？"在女性面前吸烟，一般要征得对方同意："我吸烟您不介意吧？"吸烟时，举止动作应端庄而稳重，持烟之手不能随意舞动，不能把烟雾吹到别人的脸上和饭菜上。一支烟，不能吸到滤嘴边缘，显得吝啬、小气，也不要刚吸到一半就丢掉，故充阔绰。

**4.吸烟注意事项**

(1)假如餐桌上没有烟灰缸，吸烟就可能把烟灰弄到餐桌上，这是没礼貌的。如果没有准备烟灰缸，餐事完全结束后才拿出自己的烟是一种礼仪(当然要先向女主人问是否可以抽烟)。假如是在餐馆里，烟灰缸不在桌上时，吩咐服务员拿来就是。

(2)不能用食皿代替烟灰缸。

(3)不应叼着烟讲话。

(4)无论对方是否吸烟，无论是否故意，都不能把烟喷到别人的脸上。

(5)随时随地把烟灰、烟头放入烟灰缸中弄熄。

## 有失礼貌的八种交谈方式

与初次相识者交谈，适当的热情是打开对方心门的钥匙。但若是热情过度，则让别人无法承受，距离产生美即是这个道理。有一位美学家曾经说过："我们只有隔着一定的距离才能看到美，距离本身能够美化一切。"这个"距离"的内涵是丰富的，可以是空间距离，可以是心理距离，也可以是感情距离，或是现实和理想的距离。但不管哪一种距离，我们都应把握好这个"度"。以下几种方式是不合礼仪的。

(1)忌在交谈中冷场。在交谈对象侃侃而谈的过程中，一方始终保持沉默，会被视为对交谈对象的话不感兴趣。本来双方洽谈甚欢，一方突然"打住"，会被理解成对对方表示"抗议"，或对话题感到厌倦。所以，但凡碰上这种交谈"暂停"，一定要想办法尽快引出新话题，或转移旧话题，以激发交谈者的情绪。

(2)忌在交谈中插嘴。一般情况下，我们不应该打断他人讲话，中途上去插上一嘴，有喧宾夺主、自以为是之嫌。如果确实想对他人所说的话发表见解，也要静待对方把话讲完。如果打算对他人所说的话加以补充，应先征得他人同意，即便如此，"插话"也不宜过长、次数不宜过多。有急事打断他人的谈话时，则务必要先讲一句"对不起"。

(3)忌在交谈中语言不标准。在国内的商务交往中应使用普通话，因为它是国人彼此之间理解与沟通的最佳工具。不能开口方言，闭口土语，以免影响对方的理解或被他人误解。

⑷忌在交谈中胡乱幽默。在适当的情境中，使用幽默的语言讲话，可以使人们摆脱拘束不安的感觉，变得轻松而愉快。但幽默要区分场合与对象，要顾及自己的身份。要是到处都“幽人一默”，就有可能沦为油腔滑调，从而招致反感。

⑸忌在交谈之中乱开玩笑。不要动不动就拿交谈对象调侃、取笑，或不分男女、不论长幼、不辨亲疏地乱开玩笑。这样要“贫嘴”的人既令人瞧不起，又让人讨厌。

⑹忌在交谈中不让人。喜欢跟别人争辩，认为自己永远是正确的，“没理争三分，得理不让人”，这种人一般不受人们的欢迎。

⑺忌在交谈中揭人短处。每个人都有自己的隐私，都不希望告之于人，对此，我们不该“打破砂锅纹(问)到底”；每个人都有自己的短处，都不乐意将此展示于人，所以，我们不应该在交谈时“哪壶不开提哪壶”。俗话说：“良言一句三冬暖，恶语伤人六月寒。”出言似刀的人，时时开战、处处树敌，触犯了商家“和气生财”之原则，终将会因自己的不检点而被淘汰。

⑻忌在交谈中传闲话。在正式的商务交往中，一言一语都有可能成为有价值的商业情报，不容扩散。在非正式的亲友聚会上，他人出于对你的信任所讲的一些心里话，应该替对方保密。将以上内容到处暗传，是人格卑鄙的表现。至于那些无中生有、以造谣生事为己任的人，就更不足挂齿了。

# 附录　中国名菜及名酒

## 中国著名的八大菜系

中国的菜肴品种繁多，有一万余种，因地理位置、风俗习惯、饮食爱好不同，形成了千差万别、风味各异的各菜系。从口味上讲，中国菜素有南甜、北咸、东酸、西辣之说，最能够代表中国菜特色的著名八大菜系是四川菜系(川菜)、山东菜系(鲁菜)、广东菜系(粤菜)、淮扬菜系(苏菜)、浙江菜系(浙菜)、福建菜系(闽菜)、安徽菜系(徽菜)、湖南菜系(湘菜)。

### 1.川菜

即四川菜。其选料广泛，烹调方法丰富多样，常用的技法有炒、爆、熘、炸、煎、烧、烩、焖、蒸、煮、炖等数十种，尤其擅长小煎小炒和干煸、干烧；调味变化多样，常用的味型就有二十多种，其中鱼香、怪味、麻辣、家常、红油为特有的味型。代表菜如红烧熊掌、家常海参、干烧鲜鱼、麻婆豆腐、鱼香肉丝、水煮鱼片、毛肚火锅等。

### 2.鲁菜

即山东菜。其选料精细，鲜咸适口，清爽脆嫩，原汁原味。烹调方法讲究，常用的有爆、炒、烧、扒、塌、氽、熘、炸、熬、蒸、烤、熏等30种以上，其中尤以爆、炒最能体现山东菜快速出菜的特色。代表菜如御笔猴头、糖醋鲤鱼、香酥鸭子、红扒鸡、红烧肘子、山东蒸丸、砂锅白菜等。

### 3.粤菜

即广东菜。其口味清淡、嫩滑、爽脆，讲究时令。烹调方法、调味方式自成体系，如煲、烧、烤、蒸、抑、焖、烩、煎等。调味品多用老抽、柠檬汁、豉汁、嫩肉粉、生粉、黄油等，这些都是其他菜系不用或少用的调料。代表菜如金陵片皮鸭、红烧大群翅、清平鸡、生菜龙虾、红炖鱼翅、爽口牛肉丸、什锦煲等。

### 4.苏菜

即江苏菜。其用料广泛，选料精良，清鲜淡雅，咸甜适中。烹调方式富于变化，讲究火功，擅长炖、焖、煨、焐、烤等技法。代表菜如镇江三鱼、荷包鲫鱼、盐水鸭、松鼠鳜鱼、熏烧兔、糖醋蝉猴、红烧沙光鱼、鳝鱼辣汤等。

### 5.浙菜

即浙江菜。其选料讲究，注重火候，擅长炒、炸、烩、熘、蒸、烧、氽，烹。讲究口味清鲜脆嫩，馨香腴润。代表菜如东坡肉、龙井虾仁、油焖春笋、荷叶粉蒸肉、三丝敲鱼、爆墨鱼花、锦绣鱼丝、炸香脆肉、桂花大肠、浓香鸡块等。

### 6.闽菜

即福建菜。其原料丰富，刀工精巧，富于趣味，汤菜居多，口味偏于甜、酸、淡。擅长炒、熘、蒸、炸、煨、糟等方法，尤以蒸、熘、糟、煨见长。代表菜如茸汤广肚、肉米鱼唇、鸡丝燕窝、糟汁氽海蚌、沙茶焖鸭块、当归牛腩、白斩河田鸡、涮九品等。

### 7.徽菜

即安徽菜。其味型以咸鲜微甜为主，注重原汁原味；在技法方面，刀工、火候、操作技术互为补充，相得益彰，擅长烧、炖、熏、蒸等。代表菜如八公山豆腐、软炸石鸡、方蜡鱼、葡萄鱼、红烧头尾、黄山炖鸽等。

### 8.湘菜

即湖南菜。其刀工精妙，形味兼美；酸辣著称，技法多样。代表菜如红煨鱼翅、潇湘五元鱼、腊肉焖鳝片、炒腊野鸭条、麻辣仔鸡、冰糖湘莲、花菇无黄蛋、油辣冬笋尖等。

# 中国十大名酒简介

## 1.茅台酒

茅台酒具有“酱香突出，幽雅细腻，酒体醇厚，回味悠长”的特殊风格，酒液清亮，醇香馥郁，香而不艳，闻之沁人心脾，入口荡气回肠，饮后余香绵绵。茅台酒在历次国家名酒评选中都荣获名酒称号。早在1915年，该酒即获巴拿马万国赛会金奖，在历届全国评酒会上均被评为全国名酒，获金质奖章。现此酒已远销五大洲六十多个国家和地区。

## 2.五粮液

五粮液，原名为“杂粮酒”，产于四川省宜宾五粮液酒厂。该酒由高粱、大米、糯米，小麦和玉米五种谷物为原料酿制而成，相传创始于明代。五粮液酒具有“香气悠久，味醇厚，入口甘美，入喉净爽，各味协调，恰到好处”的特点。在大曲酒中，以酒味全面著称。该酒于1915年巴拿马国际博览会获金奖迄今，所获国内外奖牌总数居全国榜首。其销售远及四海五洲的一百多个国家和地区。

## 3.汾酒

汾酒产于山西省境内吕梁山东岳，晋中盆地西沿的汾阳县杏花村汾酒集团公司。汾酒以晋中平原特产的“一把掀”高粱为原料，沿用传统的地缸发酵法，而发酵工艺为“清蒸二次清”，经一系列精心处理后勾兑而成。汾酒是清香型白酒，酒液晶莹透明，酒香清雅馥郁，酒质醇厚纯正，入口绵柔甘冽，余味清爽悠长，享有“色、香、味三绝”的赞誉。自1915年巴拿马万国博览会上荣获金奖后，其名声远播国内外。在历届全国评酒会上都评为全国名酒。

**4.泸州老窖特曲酒**

泸州老窖特曲酒为浓香型大曲白酒之典型，因此浓香型又称为泸香型。酒液晶莹透明，窖香浓郁持久，入口清冽甘爽，回味悠长尤香，一向被人们誉为“国酒”。曾于1915年巴拿马万国博览会上获金奖，在历届全国评酒会上一直被评为全国名酒，1992年则登上顶峰，先后获得布达佩斯国际食品博览会金奖、莫斯科国际名酒展览会特别金奖、洛杉矶太平洋博览会金奖。

**5.洋河大曲**

洋河大曲产于江苏省泗洋县洋河镇洋河酒厂。该酒精选优质的黏高粱为原料，使用清蒸混吊、低温缓慢发酵等新工艺酿成。洋河大曲酒液透明无色，属浓香型，酒质醇厚纯正，入口鲜爽甘甜，味细腻悠长，具有甜、绵、软、净、香的独特风格。曾于1915年巴拿马赛会上获金奖，1978年、1984年、1989年连续三次被评为全国名酒，1992年在美国纽约举行的首届国际博览会上获金奖。

**6.西凤酒**

西凤酒产于陕西省凤翔县柳林镇西凤酒厂。西凤酒是以高级醇和低级酯为主体香的一种白酒，它集浓香型和清香型白酒的特点于一身，清而不淡，浓而不艳，“不上头、不干喉、回味愉快”，被称为“三绝”。西凤酒是中国四大老牌名酒，早在1910年就在南洋劝业赛会上荣获金奖，1915年在巴拿马万国博览会上荣获金奖，先后荣获第一、第二、第三、第四、第五届国家名酒称号，是深受人民喜爱的国家名酒。

**7.董酒**

董酒产于贵州省遵义市董酒厂。董酒用大小两种酒曲酿造，工艺操作过程不同于别的酒，独具风格，既有大曲酒的浓郁芳香，又有小曲酒的醇和、甘甜。在我国白酒中独占一型，为董香型的代表。1963年、1979年、1984年、1988年连续四次被评为全国名酒。

### 8.古井贡酒

该酒产于安徽省亳县古井酒厂。此酒选用上等高粱为原料，以大麦、小麦、豌豆制曲，沿用陈年老发酵窖池，融入现代酿酒科技酿成。酒液清澈透明，酒香醇如幽兰，入口甘美醇和，回味经久不息。1963年、1979年、1984年、1988年连续四次被评为全国名酒。

### 9.剑南春

剑南春产于四川省绵竹县。剑南春以高粱、大米、糯米、小麦、玉米为原料，采用双轮底发酵、低温入窖、回沙回酒等方法，再经贮存老熟，最后进行勾兑调味而成。此酒无色透明，醇和甘甜，清冽净爽，余香悠长，具有芬、冽、醇、甘恰到好处的特点。剑南春获奖无数，于1979年、1984年、1988年连续三次被评为全国名酒。1988年、1992年先后在中国香港、德国获国际食品展览会金奖和博览会金奖。

### 10.桂林三花酒

桂林酿酒历史悠久。据《临桂县志》记载，早在唐宋时期就已十分发达。该酒以桂北产的优质大米为原料，先将大米蒸熟，掺以酒饼粉，放到酒缸内，再经发酵，然后蒸馏、冷却，历时两年以上再勾兑出厂。桂林三花酒为米香型小曲酒，酒液清亮透明，蜜香浓郁，甘绵爽冽，回味悠长。早在1963年，桂林三花酒就被广西(区)命名为“名酒”，后在中国第二、第三、第四、第五届评酒会上荣获国家优质酒称号及银质奖章。目前产品远销日本、美国及东南亚各国。

# 中国茶的种类

中国茶的种类很多，根据制造方法的不同和品质上的差异，分为绿茶、红茶、乌龙茶、白茶、黄茶和黑茶六大类。

**1.绿茶**

绿茶属于不发酵茶，是以适宜茶树新梢为原料，经杀青、揉捻、干燥等典型工艺过程制成的茶叶。其干茶色泽和冲泡后的茶汤、叶底以绿色为主调，故名。绿茶的特性为：用烘、晒、烤、炒等迅速加温的方法使绿色茶叶中的活性物质茶多酚等被“杀死”，而较多地保留了鲜叶内的天然物质，其中茶多酚咖啡碱是鲜叶的85%以上，叶绿素为50%左右，维生素损失也较少，从而形成了绿茶“清汤绿叶，滋味收敛性强”的特点。按干燥和杀青方法的不同，绿茶一般分为炒青、烘青、晒青和蒸青绿茶。绿茶中以西湖龙井茶、太湖碧螺春茶、黄山毛峰茶最为著名。

**2.红茶**

红茶最早出现于清朝，用全发酵法制成。红茶与绿茶的区别在于加工方法不同。红茶以适宜制作本品的茶树新芽叶为原料，经萎凋、揉捻(切)、发酵、干燥等典型工艺过程精制而成，因其干茶色泽和冲泡的茶汤以红色为主调，故名。红茶红叶红汤，香甜味醇，有水果香气和醇厚的滋味，还具有耐泡的特点，主要有小种红茶、功夫红茶和红碎茶三大类，多以产地命名，以安徽祁红、云南滇红尤为出众。

**3.乌龙茶**

又称青茶。属半发酵茶，即制作时适当发酵，使叶片稍有红变，是介于绿茶与红茶之间的一种茶。乌龙茶始出现于清朝。制作时采用独特的“做青”工序，使鲜叶不充分氧化。特点是叶色青绿，汤色金黄，绿叶红镶边，香气芬芳浓醇，既具有红茶的醇厚，又具有绿茶的清香。乌龙茶的产地主要集中在福建、广东、台湾一带，名品有福建的武夷岩茶、铁观音茶，广东的凤凰单机茶，台湾的乌龙茶等。

**4.白茶**

白茶是我国的特产，色白如银，茸毛多，汤色浅淡、素雅，初泡无色，滋味鲜醇，毫香明显。它加工时不炒不揉，只将细嫩、叶背满茸毛的茶叶晒干或用文火烘干，而使白色茸毛完整地保留下来。白茶主要产于福建的福鼎、政和、松溪和建阳等县，有“银针”“白牡丹”“贡眉”“寿眉”几种，名品有白毫银针、白牡丹等。

**5.黄茶**

在加工过程中采用杀青、闷黄方法，使鲜叶进行非酶性氧化，因而形成黄叶、黄汤，香气清悦醇和。黄茶按芽叶嫩度分为黄芽茶、黄小茶和黄大茶。黄芽茶如湖南洞庭湖君山银芽、四川雅安和名山县的蒙顶黄芽等；黄小茶如湖南宁乡的伪山毛尖、浙江平阳的平阳黄汤、湖北远安的鹿苑等；黄大茶包括大叶青、安徽的霍山黄大茶等。黄茶中以君山银针最为知名。

**6.黑茶**

原料粗老，加工时堆积发酵时间较长，使叶色呈暗褐色，是藏、蒙、维吾尔等兄弟民族制作茶砖、茶饼不可缺少的必需品，主要有湖南黑茶、湖北老青茶、广西六堡茶、四川的西路边茶和南路边茶、云南的紧茶、扁茶、方茶和圆茶等品种。

# 参 考 文 献

[1]赵一山，罗莉.点菜的门道[M].北京：中国轻工业出版社，2007.

[2]段洁，陈谦.餐桌礼仪与口才[M].北京：中国经济出版社，2008.

[3]游宇.商务宴请赢在点菜[M].北京：中国轻工业出版社，2008.

[4]林莹，毛永年.西餐礼仪[M].北京：中央编译出版社，2006.

[5]孙景峰.酒桌上的生意经[M].哈尔滨：哈尔滨出版社，2006.

[6]游一行.宴会的语言艺术[M].北京：中国社会文献出版社，2008.

[7]蒲明.商宴之道：在餐桌上搞定生意！[M].北京：企业管理出版社，2007.

[8]冯玉珠.宴之道[M].北京：中央编译出版社，2006.